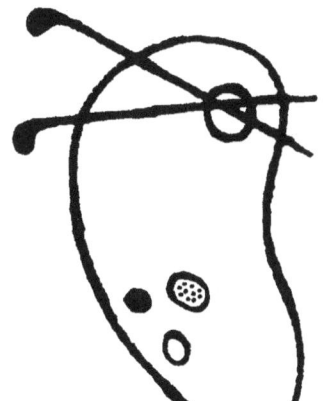

Début d'une série de en couleur

Contraste insuffisant
NF Z 43-120-14

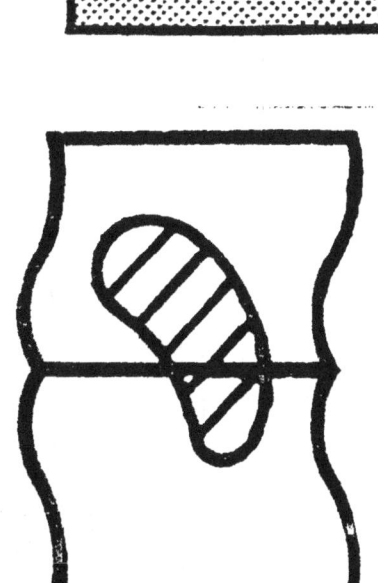

Illisibilité partielle

VALABLE POUR TOUT OU PARTIE DU DOCUMENT REPRODUIT

NOUVELLE COLLECTION A 1 FR. LE VOLUME

ERNEST CAPENDU

HOTEL DE NIORRES

LE COMTE DE SOMME

I

PARIS
LIBRAIRIE MONDAINE
CHARLES GAUSSE, LIBRAIRE-ÉDITEUR
9, rue de Verneuil, 9

A LA MÊME LIBRAIRIE

LES VIERGES FIN DE SIÈCLE, par Jean Barso. 1 fort volume de 396 pages environ, in-18 jésus, couverture illustrée : 3 francs.

NOUVELLE COLLECTION A 1 FRANC LE VOLUME

CAPENDU (Ernest)

Marcof le Malouin	1 vol.
Le Marquis de Loc-Ronan	1 —
Le Chat du bord	1 —
Blancs et Bleus	1 —
Mary Morgan	1 —
Vœu de haine	1 —
L'Hôtel de Niorres	4 —
Le Roi des Gabiers	3 —
Le Tambour de la 32e demi-brigade	3 —
Bibi-Tapin	4 —
Arthur Gandinet	2 —

CHINCHOLLE (Charles)

Le Joueur d'orgue	1 vol.
Paula, roman parisien	1 —
La Grande Prêtresse	2 —

MONTÉPIN (Xavier de)

Pivoine	1 vol.
Mignonne	1 —

DAUDET (E.)

Tartufe au village	1 vol.
L'Envers et l'Endroit	1 —

FOUDRAS (Marquis de)

Suzanne d'Estenville	2 vol.
Lord Algernon	2 —
Madame de Mirèmont	1 —

LANDELLE (Gustave de la)

Les Géants de la mer	4 vol.

NOIR (Louis)

La Banque Juive	1 vol.
Le Médecin juif	1 —
Le Colporteur juif	1 —
Le Roi des chemins	1 —
Le Ravin maudit	1 —
Le Coupeur de têtes	2 —
Le Lion du Soudan	2 —

PIGAULT-LEBRUN

Le Citateur	1 vol.

COLLECTION SPÉCIALE, LITTÉRATURE, ROMANS

D'HERVILLY (Ernest)

Aventures d'un petit Garçon préhistorique, illustré par Frédéric Régamey, 1 vol.	7 fr.

MONTET (Joseph)

Hors des Murs, illustré par Frédéric Régamey, 1 vol.	5 »

BERTHET (Elie)

Mme Arnaud, directrice des Postes, 1 vol.	3 fr.

FOUDRAS (Marquis de)

Les Gentilshommes chasseurs, 1 vol.	3 »
L'Abbé Tayaut, 1 vol.	3 »

BIBLIOTHÈQUE DES BONS ROMANS ILLUSTRÉS

AIMARD (Gustave)

Les Maîtres espions, complet	9 »
Le Loup-Garou	1 80
Pris au piège	1 80
Les Fouetteurs de femmes	1 80
La Revanche	1 80
Une Poignée de coquins	1 80

BERTHET (Elie)

Mademoiselle de la Fougeraie	» 60
Paul Duvert	» 60
M. de Blangy et les Rupert	» 60
Les Trois Spectres, complet	3 60

CAPENDU (Ernest)

La Mère l'Étape	1 80
L'Hôtel de Niorres	3 »
Le Roi des Gabiers	3 »
Le Tambour de la 32e demi-brigade	3 »
Bibi-Tapin	3 50
Mademoiselle La Ruine	1 80
Siège de Paris, complet	5 »

CHARDALL

Trois Amours d'Anne d'Autriche	1 20
Capitaine Dix	1 20

DUPLESSIS (Paul)

Les Boucaniers	3 »
Les Étapes d'un volontaire	3 »
Les Mormons	2 40

NOIR (Louis)

Jean Casse-Tête	3 »
Le Trésor d'Ousda	3 »
Mort et ressuscité	1 50
Le Corsaire noir	2 40
Les Mystères de la Savane	1 50
Le Pacte de sang	1 »
Le Roi des Chemins, complet	5 »
Le Roi des Chemins	1 50
Le Trou de l'enfer	2 »
La Ville fantôme	1 50
Les Goélands de l'Iroise, complet	3 »

Imprimerie Paul SCHMIDT, Paris-Montrouge (Seine).

Fin d'une série de documents
en couleur

L'HOTEL
DE NIORRES

ERNEST CAPENDU

L'HOTEL DE NIORRES

TOME PREMIER

LIBRAIRIE MONDAINE

Ancienne Maison d'Édition DEGORCE-CADOT

GAUSSE, ÉDITEUR

9, rue de Verneuil, 9
PARIS

L'HOTEL DE NIORRES.

I

LA PLACE LOUIS XV

Vers le milieu du dernier siècle, et alors que le roi Louis XV ne s'était pas encore entendu contester ce surnom de *Bien-aimé* que le peuple lui avait spontanément conféré après sa maladie à Metz, le prévôt des marchands de Paris, Gabriel-Jérôme de Bullion, avait, de concert avec les échevins de la ville, décidé qu'une statue équestre serait élevée à la gloire du monarque au nom des habitants de la capitale. Edme Bouchardon, chargé de cette œuvre importante, l'exécuta dans ses ateliers du faubourg de Roule. Il mit près de quinze années de travail.

Commencée en 1748, la statue équestre de Louis XV ne fut achevée qu'à la fin de 1762. Or, chacun sait comment Louis XV employa ces quinze années de sa vie royale, et le gouvernement de Cotillon II (suivant l'expression du grand Frédéric) porta une rude atteinte à ce surnom de *Bien-aimé*, dont le prince avait d'abord été si vivement touché qu'il s'était écrié, en apprenant les transports inouïs d'allégresse auxquels se livraient ses sujets lors de son retour à la santé : « Qu'ai-je fait pour mériter un tel amour ? »

Bouchardon était mort en achevant son œuvre, avant qu'elle ne fût sortie de ses ateliers, et avant qu'il ne pût jouir des éloges que devaient lui accorder les amis des arts. Pigalle lui avait succédé et avait été chargé d'exécuter les figures et les ornements du piédestal.

Bien que le peuple ne songeât plus guère à la statue et que les bénédictions données au roi se fussent transformées peu à peu en plaintes énergiques, le prévôt Alexandre de Ségur, successeur de M. de Bullion, s'occupa activement de l'érection définitive du monument promis à la gloire du souverain. On choisit, pour emplacement, un vaste espace compris entre la Seine, les jardins des Tuileries, les Champs-Elysées et le *Garde-Meuble des bijoux de la couronne*. Cet espace devait recevoir le nom de *place Louis XV*.

Les ouvriers se mirent à l'œuvre, et le 20 juin 1763 furent découverts et offerts aux regards des curieux la statue équestre et ses accessoires.

Louis XV, couronné de lauriers, coiffé à la moderne et vêtu à la romaine, était représenté sur un cheval magnifique de forme, de beauté et d'élégance. Ce groupe, en bronze, coulé d'un seul jet, était réellement une œuvre digne d'un grand artiste. Aux angles du piédestal on avait placé quatre figures en plâtre doré, qui devaient être exécutées en bronze sur les modèles donnés par Pigalle. Ces quatre figures représentaient autant de vertus : la *Force*, la *Paix*, la *Prudence* et la *Justice*, réduites au rôle humiliant de cariatides, et qui devaient inspirer un jour ce trait satirique si favorablement accueilli :

O la belle statue ! ô le beau piédestal !
Les *vertus* sont à pied, le *vice* est à cheval (1).

La statue terminée, on commença, sur les dessins de Gabriel, l'ornementation de la place qui ne fut achevée qu'en 1772.

A cette époque, le pont, faisant communiquer les deux rives du fleuve, n'existait pas. (Il ne fut commencé qu'en 1787.) Au sud, la place Louis XV avait donc pour barrière la Seine, de l'autre côté de laquelle se dressait le palais Bourbon dont la façade mesquine fut démolie plus tard pour faire place à celle du palais du Corps législatif. A l'est s'élevaient les terrasses du jardin des Tuileries. Au nord, le *Garde-Meuble* formait l'angle de la nouvelle *rue Royale*, si tristement fameuse par les accidents terribles dont le 30 mai 1770 elle avait été le théâtre, à l'occasion des fêtes célébrées à Paris pour le mariage de Louis XVI, alors dauphin, et de Marie-Antoinette d'Autriche.

Pendant plus de vingt ans, la statue de Louis XV ne fut entourée que par une misérable clôture de bois, et

(1) En 1792 (11 août) cette statue équestre fut renversée, et quelques mois après on érigeait sur le même piédestal une figure colossale de la Liberté.

ce ne fut qu'en 1784 que Louis XVI la fit enceindre d'une balustrade de marbre blanc et d'un pavé de carreaux de même matière. La statue regardait le palais des Tuileries et tournait le dos aux Champs-Élysées, dont les massifs verdoyants s'élevaient au couchant de la place.

Les Champs-Élysées, quoiqu'ayant été de tous temps, depuis leur création, la promenade favorite de l'aristocratie parisienne, n'étaient pas à beaucoup près sous Louis XVI ce qu'ils sont devenus sous Napoléon III.

La promenade, si belle aujourd'hui, mais dont les dernières plantations n'étaient pas alors fort anciennes, se divisait en deux parties : le *Petit Cours* et le *Grand Cours* sous la dénomination générale de : *Champs-Élysées*.

Le *Petit Cours* ou *Cours la Reine*, s'étendant depuis la place jusqu'à Chaillot en longeant la rivière, avait été planté en 1616 par les ordres de Marie de Médicis. Destinée exclusivement à la reine et à sa cour, cette promenade avait été d'abord fermée à ses extrémités par deux grilles et à ses côtés par des fossés profonds. Le reste du terrain s'étendant jusqu'au faubourg Saint-Honoré était, sous Louis XIII, en pleine culture et n'offrait çà et là que de rares maisonnettes.

En 1670, Louis XIV trouvant le *Cours la Reine* trop mesquin, fit acheter par la ville ces terrains cultivés et on commença à y tracer des allées et à y planter des arbres. Ce fut le *Grand Cours*. Vers la fin du règne du grand roi et lorsque la verdure eut donné un attrait à ces belles plantations, on nomma la réunion des deux promenades les *Champs-Elysées*, pour en peindre l'aspect enchanteur.

En 1723, on arracha les arbres du Cours la Reine et on en substitua de nouveaux aux anciens.

Dès lors, les Champs-Elysées devinrent le rendez-vous des promeneurs élégants : mais à l'exception des fêtes de Longchamps et de quelques autres rares solennités de la mode, la cour s'y montrait peu tandis que l'allée du bord de l'eau, servant de route royale pour se rendre à Versailles, était constamment encombrée de splendides équipages et de cavaliers brillants. Aussi, en hiver, les Champs-Elysées étaient-ils presque impraticables à cause du mauvais état de leur terrain et, en été, la poussière en rendait-elle la promenade fort peu agréable : le balayage et l'arrosage étant à peu près aussi inconnus l'un que l'autre.

En 1768, on avait commencé à tracer la route qui, servant de prolongation à la grande allée des Tuileries, s'étendit jusqu'à Neuilly et sépara le grand cours en deux parties à peu près égales.

Le lecteur l'a deviné sans doute, c'est à l'époque où venaient de se terminer les principaux travaux de la place Louis XV que nous le prions de vouloir bien se reporter avec nous. Nous sommes en 1785, au commencement de l'été, c'est-à-dire vers les premiers jours du mois de juillet.

Pas un nuage ne flottait au-dessus de la grande ville : le ciel était de ce bleu clair annonçant une journée splendide. Le soleil, au premier tiers de sa course, dardait les flots de ses rayons embrasés sur les arbres devenus gris par la poussière amoncelée sur leurs feuilles ; la terre était sèche, et la place qui, huit ans plus tard, devait être arrosée du sang de tant d'innocentes victimes, présentait l'aspect d'une vaste fournaise chauffée à blanc.

Il était neuf heures du matin, et l'avenue de Neuilly ainsi que la place Louis XV, offraient l'apparence d'une solitude à peu près complète, car sauf un seul personnage, aucun être humain n'animait cette partie de la capitale du royaume.

Ce personnage se tenait à l'ombre du monument du garde-meuble au commencement de la rue Royale alors en construction.

C'était un homme jeune encore, n'ayant pas dépassé les limites de la trentaine, mais dont les traits fatigués attestaient une maturité anticipée. Cependant le visage était remarquablement beau et l'expression générale de la physionomie séduisait au premier coup d'œil. Le front était élevé et intelligent, le regard net et franc ; la bouche vermeille et le ton des chairs fortement bruni décelaient soit une origine méridionale, soit un séjour prolongé dans les pays chauds. La loyauté, la bonté, la bravoure se devinaient dans la douceur du sourire et dans la hardiesse du regard.

Ce jeune homme portait, avec une distinction parfaite, l'uniforme des officiers de la marine royale, ce corps réputé sous l'ancienne monarchie pour ne se recruter que parmi l'élite de la noblesse française.

La poudre de sa chevelure faisait ressortir encore les tons chaudement colorés du visage et comme, suivant l'usage, il portait sous le bras gauche, son chapeau galonné d'or, sa mâle et belle physionomie apparaissait dans tout son éclat. Tout en cet homme respirait l'élégance : il n'y avait pas jusqu'à cette fatigue précoce des traits qui ne prêtât un nouveau charme à l'ensemble de la figure, en lui donnant un certain cachet de mélancolie rêveuse.

Depuis une demi-heure environ que le jeune officier était arrivé sur la limite de la place, il avait circonscrit sa promenade dans un même espace, remontant et descendant successivement la voie nouvelle depuis le garde-meuble jusqu'à la rue Saint-Honoré. Vingt fois déjà il avait parcouru le côté droit de la rue Royale, longeant les bâtiments en construction et marchant de ce pas ferme et régulier du marin habitué au court espace réservé à ses promenades sur le pont d'un navire, et chaque fois il s'était arrêté à l'angle de la rue Saint-Honoré, interrogeant du regard la voie populeuse dans la direction de l'église Saint-Roch, comme s'il eût attendu quelque personne devant venir de ce côté.

Jusqu'alors un même sentiment de déception mêlé d'inquiétude avait, à chaque station nouvelle, fait froncer ses sourcils bruns, lorsqu'au moment où neuf heures sonnèrent à l'horloge du château, il laissa échapper de ses lèvres une exclamation joyeuse.

Il était à cet instant sur la limite de la place, et en se retournant pour remonter la rue, il venait d'apercevoir un homme à peu près de son âge et portant un uniforme exactement semblable au sien, qui se dirigeait rapidement vers lui.

Ce second officier de la marine royale paraissait être doué d'une partie des qualités physiques que nous avons signalées dans le premier. Même distinction, même élégance, même franchise dans le regard, même douceur dans le sourire. Sa physionomie plus fine peut-être, mais aussi belle que celle de celui vers lequel il s'avançait, était d'une pâleur extrême, et ses yeux rougis, ses lèvres contractées attestaient une agitation intérieure violente.

Sans doute le premier officier fut frappé de cette expression douloureuse qui se peignait sur le visage du nouvel arrivant, car ses premières paroles furent une anxieuse interrogation :

— Qu'y a-t-il donc, Charles ! demanda-t-il en s'arrêtant subitement.

— Un nouveau malheur, Henri, un nouveau crime ? répondit le second officier d'une voix tremblante d'émotion.

— Mon Dieu ! Blanche ou Léonore...

— Ont encore échappé cette fois ! interrompit vivement celui que nous avons entendu nommer Charles.

Henri leva les yeux au ciel avec une expression d'ineffable reconnaissance.

— Mais, qui donc a été frappé ? demanda-t-il.

— Mme d'Orgerel ! répondit Charles.

— Elle est morte ?

— Cette nuit.

— Comment ? de quelle mort ?

— Je l'ignore. Elle est morte, c'est là tout ce que j'ai pu apprendre.

— Quand as-tu su ce malheur ?

— Ce crime, veux-tu dire, car cette mort est le résultat d'un crime aussi épouvantable que ceux qui l'ont déjà précédé. J'en ai été instruit il y a une demi-heure à peine.

— Par qui ?

— Par une lettre de Blanche. Tiens ! lis !

Charles présenta à son compagnon un billet contenant quelques lignes qu'il tenait convulsivement froissé dans sa main droite.

Henri se saisit avidement du papier et le dévora des yeux avec une ardeur décelant toute l'importance qu'il mettait à cet écrit.

« Le malheur ne se lasse pas de s'abattre sur notre maison, » lut le jeune officier, tandis que Charles lançait autour de lui un regard investigateur pour s'assurer qu'aucune oreille indiscrète ne se trouvait à portée d'entendre.

« Cette nuit, continua Henri, à deux heures, Mme d'Orgerel, notre excellente tante, a succombé après une agonie horrible... Le saisissement que nous a causé à tous cette catastrophe inattendue, ne me permet pas encore de rassembler mes esprits pour vous donner des détails sur cet atroce événement.

« Notre oncle et notre mère sont affolés de douleur. Léonore vient de s'évanouir dans mes bras : sa faiblesse est extrême et moi seule ai la force de vous prévenir tous deux. »

Henri laissa tomber le bras qui tenait la lettre et regarda son ami.

— Horrible ! dit-il.

— Et de pareilles choses se passent au centre d'un pays civilisé, ajouta Charles en levant les yeux au ciel, comme pour implorer la puissance du Créateur ; dans la capitale de la France ! Sommes-nous donc devenus semblables aux féroces peuplades de l'Afrique ?

— Ainsi, reprit Henri en se rapprochant de son interlocuteur, tu persistes dans ta pensée, Charles ?

— Oui.

— Tu crois à une succession de crimes ?

— J'y crois, Henri, parce que je suis certain du fait, dit Charles avec véhémence.

— Une telle atrocité est-elle donc possible ?

— Rappelle-toi M. de Finjac, le riche planteur de la Martinique. Lorsque nous le quittâmes, nous laissâmes à l'habitation une nombreuse famille : une femme charmante, cinq enfants en excellente santé, six domestiques blancs et plus de douze cents nègres. Notre absence fut courte, à peine dura-t-elle quatre semaines, et souviens-toi de notre retour !... L'habitation, si animée jadis, était devenue déserte. Mme de Finjac, ses enfants, ses femmes, ses serviteurs et ses esclaves étaient morts. Le malheureux planteur demeurait presque seul, entouré de trois nègres, et ayant supporté le spectacle de cette agonie de tous les siens.

— Mais cela se passait aux colonies, Charles ? Cette série de meurtres avait pour but une vengeance.

— Qui te dit que les crimes accomplis aujourd'hui ne sont pas le résultat d'un sentiment plus violent encore que celui de la haine ? Qui te dit que la main d'un misérable et insatiable ambitieux ne sème pas la mort dans cette famille ?

— Encore une fois nous sommes en France, à Paris, et non à la Martinique où à Saint-Domingue !

— Les pays civilisés sont-ils donc exempts de natures criminelles, et crois-tu le cœur plus gangrené sous une peau noire que sous une poitrine blanche ?

— Mais qui donc accuser ?

Charles saisit la main de son ami.

— Le fils de la Madone n'est pas mort ! murmura-t-il à son oreille.

Henri fit un brusque mouvement.

— Qu'en sais-tu ? demanda-t-il.

Charles lâcha la main de son compagnon, et, fouillant dans la poche de sa veste, il prit une seconde lettre qu'il offrit à Henri.

— Lis encore ! dit-il. Cette lettre m'a été remise ce matin, quelques instants avant celle de Blanche. Elle porte le timbre de Brest, et, tu le vois, elle t'était adressée en cas d'absence de ma part.

Henri regarda la suscription placée sur l'enveloppe de la missive que lui présentait son ami, et cette suscription était effectivement ainsi conçue :

« A monsieur le marquis Charles d'Herbois, ou, en son absence, à monsieur le vicomte Henri de Renneville, rue de Beaujolais-Saint-Honoré à Paris. »

— Tu venais de partir pour te rendre chez le maréchal de Castries, ajouta le marquis Charles d'Herbois, lorsque le courrier de Brest est arrivé...

M. de Renneville ouvrit vivement la lettre.

— C'est du baron d'Antibes ! dit-il en interrogeant la signature de l'épître.

Puis il lut à voix haute :

« Mon bien cher marquis,

« J'ai reçu votre missive il y a vingt jours à peine, et, ne connaissant pas de plus grande joie que celle que j'éprouve en obligeant mes amis, je me suis mis immédiatement en campagne pour obtenir les renseignements que vous et le vicomte de Renneville me demandez avec une si fiévreuse instance.

« Pour dire vrai, la mission dont me chargeait votre bonne amitié n'était pas précisément facile à remplir ; mais, rassurez-vous, j'ai mené l'affaire à bonne fin. Ma situation dans le monde de la province me permettait heureusement d'employer les ressources les plus étendues, et je n'y ai point failli.

« Toutes les autorités de Brest, celles de Quimper et celles de Morlaix ont été remuées par moi, et j'ai lancé des éclaireurs sur toutes les routes. Enfin, après dix-huit jours de recherches d'abord infructueuses, après une série de marches et de contre-marches dont je passerai les péripéties sous silence, voici ce que je suis parvenu à apprendre de la manière la plus authentique.

« L'homme dont vous me parlez existe peut-être, probablement même à cette heure, bien qu'il ait passé pour mort il y a plusieurs années. Mais où est-il à l'heure où je vous adresse ces lignes ? Là est le mystère, et un mystère tellement impénétrable que, malgré tout mon désir de vous servir tous deux, malgré ma curiosité vivement surexcitée, malgré mes recherches et celles de tous les lieutenants criminels ou civils de la province, il m'a été impossible, non pas d'avoir une certitude, mais de faire une supposition qui eût le sens commun.

« Quelque temps après la disparition de sa mère, cette femme si connue de toute la ville de Brest, le personnage en question quitta la France pour aller voyager dans l'autre hémisphère. Il revint à Brest en 1775. De mauvaises actions témoignèrent de son nouveau séjour dans sa ville natale. Trois ans après, en 1778, il partit une seconde fois. Ce fut alors que le bruit de sa mort se répandit parmi la classe des gens mal famés dans laquelle il vivait. Depuis cette époque, effectivement, on n'en entendit plus parler.

« Mais deux condamnés aux galères, ses anciens amis et ses camarades de débauches et de crimes, envoyés au bagne il y a six mois à peine, nous ont donné de nouveaux renseignements sur son compte. Ils ont déclaré en ma présence que *Bamboula* (tel est le singulier nom sous lequel était désigné le fils de la Madone) n'avait nullement péri dans une rixe avec les gardes de la Prévôté, qu'il se portait au contraire à merveille et vivait libre et content de son existence en dehors des lois de la société.

« Pressés de questions, les deux galériens ne nous donnèrent que des renseignements vagues. Ils avaient vu Bamboula quelques jours avant leur arrestation. Bamboula était alors à Paris, et paraissait fort mal dans ses affaires, à en juger par son extérieur misérable. Il avait proposé une opération à ses anciens amis. Ceux-ci avaient accepté ; mais au moment où ils allaient au rendez-vous pris avec leur associé pour être mis au courant de ce qu'ils avaient à faire, ils tombèrent dans une embuscade tendue par les agents du lieutenant de police, et furent arrêtés.

« Bamboula était-il pour quelque chose dans cette arrestation ? Les deux galériens hésitaient à se prononcer à cet égard. Cependant ils connaissaient trop leur ancien compagnon pour être certains de sa bonne foi.

« Voilà, mon cher marquis, tout ce que j'ai pu apprendre. Les deux galériens n'en savaient pas davantage touchant l'homme en question. Il vit, il était, il y a huit mois, à Paris, dans un état précaire. C'est là le résumé des renseignements que je vous envoie.

« J'ai la certitude, je vous le répète, que ses anciens compagnons de débauche ont dit vrai, et qu'ils ne pouvaient en savoir plus.

« Ai-je rempli ma mission convenablement ? Je l'ignore. Je me suis ingénié à faire pour le mieux. Soyez-en, tous deux, convaincus, et croyez-moi, l'un et l'autre, votre ami bien sincèrement affectionné.

« FERDINAND, baron D'ANTIBES. »

— Eh bien ! reprit vivement le marquis d'Herbois lorsque le vicomte eut achevé la lecture de la lettre ; tu vois, le fils de la Madone existe ! Il est à Paris ! Comprends-tu, maintenant, et veux-tu enfin te rendre à l'évidence et croire à cette succession de crimes que tu t'obstines à mettre en doute.

Henri regarda fixement son ami.

— Charles ! dit-il d'une voix brève, il faut agir et agir sans perdre un instant. Quand partons-nous ?

— Dès que nous aurons vu le ministre.

— Il est à Versailles.

— Tu n'as pas pu le voir ce matin alors ?

— Non.

— Eh bien ! allons à Versailles ; nous prendrons nos ordres de départ, et ensuite...

— Nous sauverons Blanche et Léonore, qui seraient frappées à leur tour si elles demeuraient à Paris, comme l'ont été successivement leurs cousins et leur tante.

Tout en causant, les deux jeunes gens avaient remonté la rue Royale et se trouvaient alors à la hauteur de la rue Saint-Honoré.

— Il est neuf heures un quart, dit le marquis en interrogeant le cadran de sa montre ; nous pouvons être à midi à Versailles. La réception chez le roi n'a lieu qu'à deux heures, nous pouvons facilement voir le bailli de Suffren et le maréchal de Castries. Nos ordres d'embarquement doivent être prêts, rien ne nous retiendra plus à Paris ni à Versailles. M. de la Peyrouse m'a prévenu que *l'Astrolabe* n'appareillerait que le 1er août. Que nous soyons à Brest le 29 juillet, cela est suffisant, donc nous avons vingt jours entiers devant nous ; c'est plus qu'il n'en faut pour la réussite de nos projets. Viens, Henri, partons pour Versailles.

— Nous trouverons des voitures au Cours la Reine, répondit le vicomte.

Les deux jeunes gens, se prenant mutuellement le bras, se dirigèrent vers la place Louis XV qu'il s'agissait de traverser dans toute sa largeur sous l'action brûlante du soleil qui l'inondait de ses rayons dorés.

II

LE COURS LA REINE

Parmi les privilèges plus ou moins raisonnés, plus ou moins étranges, plus ou moins favorables ou onéreux au public que la révolution de 1789 a si énergiquement et si rapidement abolis, il en était un qui mérite, certes, d'être rappelé au souvenir de nos lecteurs : c'était celui qui mettait en possession du droit de parcours sur la route royale de Paris à Versailles, deux espèces seulement de voitures publiques, faisant défense absolue à tout véhicule de place, fiacre ou charrette, de conduire qui que ce fût, moyennant rétribution et sans permis spécial accordé temporairement, de la capitale du royaume à la résidence ordinaire de la cour.

Les véhicules privilégiés se rangeaient en deux catégories bien tranchées, portant chacune un nom différent : les *carrabas* et les *pots-de-chambre*.

Grâce aux moyens de locomotion usités à notre époque, il est assez difficile aujourd'hui de faire comprendre ce que pouvaient être les deux genres de voitures que nous venons d'indiquer. Cependant le *carrabas* avait un aspect réellement majestueux.

Qu'on se figure une sorte de longue cage d'osier montée sur quatre roues, dont les deux grandes, placées derrière, arrivaient juste à la hauteur de l'ouverture de la machine, de sorte qu'elles y lançaient abondamment la boue par les temps pluvieux et y introduisaient des nuages de poussière par les temps secs. L'intérieur de la cage était occupé par cinq banquettes placées transversalement et destinées à recevoir, chacune, quatre voyageurs ; ce qui élevait par conséquent à vingt le nombre des personnes que pouvait contenir le véhicule. Le *carrabas*, n'étant garni d'aucun châssis vitré, ni même d'aucun rideau, avait le double avantage de faire griller le promeneur par le soleil, et de le faire tremper par la pluie.

Les clients du conducteur, une fois hissés dans la boîte, étaient une heure au moins à se disputer, se bousculer, se quereller, se pousser avant de pouvoir prendre une attitude convenable, tant l'espace était étroit et la presse grande. Un escalier de fer à larges degrés, disposés comme ceux d'une échelle, servait à opérer l'introduction dans la cage.

Huit chevaux (nous nous servons de cette expression faute d'autre plus applicable pour rendre notre pensée) huit chevaux, huit ombres d'ex-malheureuses haridelles, étaient attelées au carrabas et le traînaient deux fois par jour du Cours la Reine à Versailles.

Quand la machine se mettait en marche, après de

nombreux et tout d'abord infructueux efforts de l'attelage, les secousses étaient tellement violentes qu'aussitôt les voyageurs roulaient les uns sur les autres, se heurtant, se choquant et s'injuriant sans que le cocher, habitué à de pareilles scènes, semblât accorder la moindre attention au tumulte.

Le *pot-de-chambre*, moins grandiose, mais un peu moins incommode, rachetait l'amélioration apparente par un inconvénient, en en rendant la moitié de l'année l'usage à peu près impossible. La voiture était entièrement découverte et par conséquent exposée à toutes les intempéries des saisons.

Le *pot-de-chambre*, monté sur deux roues et attelé d'un seul cheval, maigre, efflanqué, poussif, ne contenait que deux banquettes, l'une par devant, l'autre par derrière, sur chacune desquelles prenaient place deux personnes. Les deux voyageurs placés sur le devant se nommaient *singes*; les deux assis sur l'autre banquette recevaient la dénomination de *lapins*.

Le *carrabas* prenait dix sols pour voyager, le *pot-de-chambre* douze; aussi, quand le temps était beau, ce dernier véhicule était-il beaucoup préféré à l'autre par les gentilshommes de province se rendant à Versailles pour voir le dîner, par les abbés et par les militaires.

Le *carrabas* avait la spécialité des bourgeois, des clercs, des ouvriers et des petits marchands que leurs plaisirs ou leurs affaires appelaient au séjour royal.

Carrabas et *pots-de-chambre* stationnaient, à l'entrée des Champ-Elysées du côte de la rive droite de la Seine.

C'était quelques instants avant le moment où le marquis d'Herbois était venu annoncer à son ami la fatale nouvelle qui les avait si fort émus tous deux ; neuf heures n'étaient point encore sonnées et le vicomte accomplissait encore seul sa promenade dans la rue Royale.

De l'autre côté de la place, une seule voiture stationnait à l'entrée du Cours la Reine et cette voiture était un *carrabas*. Elle était absolument vide. Le cocher, descendu de son siège et s'en reposant sur la tranquillité parfaite de son attelage, était allé s'étendre sur l'herbe touffue d'un fossé. Les huits chevaux, les jambes arquées, la tête basse et l'air piteusement résigné, ne tressaillaient même pas sous les piqûres incessantes des moustiques. Les pauvres bêtes ne sentaient plus probablement la douleur. Voiture, chevaux et cocher attendaient, non pas l'heure du départ, car aucun instant précis n'était fixé à cet égard, mais bien l'arrivée d'un nombre suffisant de voyageurs pour se mettre en route.

L'homme, étendu à plat ventre, soulevait de temps à autre sa tête alourdie par le sommeil et, entr'ouvrant un œil, interrogeait lentement l'horizon. De même que la belle-sœur de l'illustre Barbe-Bleue, l'automédon ne voyait rien venir. Alors, il reprenait sa position horizontale et abaissait ses paupières avec une résignation parfaite.

Enfin comme neuf heures sonnaient et comme le cocher, la tête tournée vers le jardin des Tuileries, jetait un vague coup d'œil sur le quai longeant la terrasse du palais, il aperçut deux ombres se dessinant nettement au milieu du torrent de lumière qui les inondait. Ces deux ombres s'avançant rapidement paraissaient se diriger droit vers le Cours la Reine.

Le cocher, flairant la pratique comme l'ogre flairait la chair fraîche, se souleva sur le coude et regarda plus attentivement.

Les deux promeneurs atteignaient alors la place. Le cocher se dressa sur ses pieds, s'étira bras et jambes et fit claquer son fouet. Les huits chevaux ne bronchèrent pas. Sans doute la mèche n'avait pas plus d'action sur eux que les piqûres des moustiques.

— Allons ! grommela l'automédon en examinant toujours les promeneurs, en voici deux ! Il n'en faut plus que dix-huit ! Ils causeront ensemble en attendant les autres, et s'ils ont de la chance, dans une petite heure nous pourrons partir ! Quelle diable de corvée m'a donnée là M. Lenoir.

Et enflant la voix en appelant du geste :

— Par ici, bourgeois ! par ici ! cria-t-il. On n'attend plus que vous pour rouler ! nous allons partir ! Versailles ! Sèvres ! Saint-Cloud ! Versailles !

Les deux personnages interpellés posaient alors le pied sur le Cours la Reine et, regardant autour d'eux avec une certaine inquiétude, semblaient chercher tout autre chose que ce qu'ils trouvaient là. C'était à ce moment précis que le marquis d'Herbois, arrivant par la rue Saint-Honoré, rejoignait le vicomte qui l'attendait rue Royale.

III

LES DEUX RÊVES

En constatant l'espèce d'hésitation témoignée par les nouveaux arrivés à l'endroit du *carrabas* stationnaire, le cocher se précipita, avec les gestes les plus engageants et le sourire le plus affable, vers les deux promeneurs qu'il considérait déjà comme ses pratiques.

Ceux-ci, à peu près de même taille et de même tournure, étaient aussi à peu près du même âge. Tous deux avaient dépassé les limites de l'adolescence, mais atteignaient à peine à celles de la jeunesse. L'un et l'autre paraissaient avoir de seize à dix-sept ans.

Grands, minces, élancés, ils portaient tous deux un costume exactement pareil : bas noirs, habit noir, culottes noires, gilet noir, cravate blanche, souliers à boucles d'argent. Ces vêtements, bien brossés, bien ajustés, avaient en dépit de leur gravité, contrastant avec l'extrême jeunesse de leurs propriétaires, un certain air de fête qui décelait en eux le costume d'apparat. On devinait aisément que, pliés soigneusement les jours ordinaires dans le fond d'une armoire de famille, habits, gilets et culottes ne voyaient la lumière qu'à propos de circonstances extraordinaires.

La chemise à jabot était jaunie par le temps quoique pure de toute flétrissure, et la cravate d'une blancheur de neige en faisait ressortir plus encore ce ton que prend le linge longtemps privé du contact de l'air. Aucun d'eux ne portait l'épée, mais chacun tenait sous son bras gauche un énorme portefeuille de cuir brun.

Ainsi équipés, on eût dit les deux frères, si une différence notable dans les traits du visage et dans l'expression de la physionomie n'eût éloigné au plus vite cette pensée que pouvait faire naître, au premier abord, la similitude du costume.

En effet, l'un était vif, enjoué, rapide dans ses gestes, l'autre était froid, calme et presque lent. L'un avait la figure ronde, le teint blanc et rose, la bouche épanouie, le nez au vent, l'œil effrontément éveillé, les cheveux d'un châtain-clair et les joues rebondies. L'autre avait la tête de forme allongée, le teint brun mat, les lèvres minces et fines, le nez droit, le regard plutôt triste que gai, les cheveux bruns et le visage amaigri.

L'un offrait dans son ensemble, l'expression de l'insouciance, de l'audace, de la fierté, de la franchise, l'autre celle de l'ambition, du calcul, de la ruse et de la méchanceté.

Cependant, au moment où nous mettons en scène ces

deux jeunes gens, ces expressions si différentes de leur visage faisaient place à un même sentiment : celui de la déception et de l'inquiétude.

— Quoi ! s'écria le premier, le jeune homme aux cheveux châtain-clair et aux joues rosées, en accompagnant cette exclamation d'une moue significative. Quoi ! il n'y a plus de *pot-de-chambre* ?

— Comme vous voyez, mon bourgeois ! répondit le cocher. Le dernier *pot-de-chambre* est parti tout à l'heure, mais il serait encore là que vous ne voudriez pas y monter, vous préféreriez mon véhicule !... Regardez-moi cela ! Huit chevaux ! Il n'y a que sa Majesté Louis XVI et moi qui ayons le droit d'atteler huit bêtes sur la route royale de Versailles. Aussi tout ce qu'il y a de mieux à la cour fait queue pour monter dans mon carrosse !

— Qu'est-ce que tu dis de cet horrible *carrabas* ? reprit celui des deux jeunes gens qui avait déjà parlé en s'adressant à son compagnon.

— Je n'en dis rien ! répondit celui-ci en soupirant. Hélas ! je crois qu'il faudra nous résigner, faute de mieux.

— Montez, montez, mes bourgeois ! cria le cocher sans paraître attacher la plus légère importance aux réflexions méprisantes provoquées par sa voiture, montez, montez !... Nous allons rouler !... On part à l'instant !

— Oui, dit le second des deux jeunes gens, nous partirons quand nous serons complets, je connais ce refrain-là.

— Et moi qui me faisais fête, par ce beau temps, d'aller rouler en lapin ! reprit le premier.

— Aussi, Michel ! c'est ta faute !

— Comment, ma faute ?

— Tu devais venir me prendre à l'étude à huit heures et tu arrives à neuf. Je t'avais bien dit que le *pot-de-chambre* partirait de bonne heure.

— Tiens ! je te trouve plaisant, toi ! Et mon scélérat de maître clerc qui m'a fait attendre une heure et demie pour me remettre cet acte.

Et le jeune homme frappa de la main droite le grand portefeuille qu'il portait sous le bras gauche et sur la couverture duquel on lisait : *Maître Desrousseau, notaire royal.*

— A propos, reprit l'autre clerc, car évidemment nos deux jeunes promeneurs avaient droit l'un et l'autre à ce titre peu pompeux. A propos, mon cher Ney, chez qui vas-tu à Versailles ?

— Je vais faire signer un contrat de vente au vicomte Alexandre de Beauharnais.

— Ah ! celui qui a fait la guerre d'Amérique avec La Fayette et Rochambeau ?

— Précisément.

— On dit qu'il a une femme qui est diantrement séduisante.

— Et on dit vrai !

— Tu l'a vue, Michel ?

— Oui, deux fois déjà !

— Et tu la trouves belle ?

— Belle, ce n'est pas le mot, mais jolie, mais charmante ! Il y a surtout un charme indicible dans son regard presque toujours voilé par ses longues paupières. Et gracieuse, vois-tu, je ne puis pas te le dire ! Et bonne, aimable, douce !

— Peste ! quel feu tu mets à me parler de la cliente de ton étude.

— Qu'est-ce que tu veux ? Je ne lui ai parlé que deux fois, eh bien ! il me semble toujours entendre le son de sa douce voix.

— C'était une demoiselle Tascher de La Pagerie, n'est-ce pas ?

— Oui, mais, dis donc, tu me parais joliment au courant des affaires de Mme Joséphine de Beauharnais, toi qui ne la connais pas.

— Oh ! c'est que j'en ai entendu parler hier.

— Chez qui donc ?

— Chez un banquier espagnol, le comte de Cabarus, qui est venu à Paris pour la Compagnie des Philippines. Je lui avais porté des actes de la part du patron, et comme j'attendais dans son cabinet, j'ai écouté ce qui se disait dans la pièce voisine, j'aurais entendu tout sans l'arrivée du plus délicieux lutin que tu puisses imaginer : c'était Mlle Cabarus, la fille du banquier ! Une enfant de onze ans à peine ; mais tu n'as jamais rien vu d'aussi frais, d'aussi joli, d'aussi ravissant que ce visage enchanteur.

— Oh ! oh ! interrompit en riant le clerc de maître Desrousseau ; il me semble, monsieur Lambert Tallien, que vous, qui m'accusiez tout à l'heure d'être de flamme pour Mme de Beauharnais, vous ne soyez pas de glace pour Mlle Cabarus. Vive Dieu ! seriez-vous par hasard épris de cette jeune beauté ?

— Je la trouve adorable ! répondit Lambert Tallien.

— Eh bien ! attends quelques années et tu la demanderas en mariage.

Tallien haussa les épaules.

— Ah ça est-ce que nous partirons ce soir ? demanda-t-il en se tournant vers le cocher du carrabas.

— Montez toujours, mes bourgeois, répliqua l'automédon. Dans cinq minutes nous serons complets et alors au galop jusqu'à Versailles.

— Et toi, Tallien, chez qui vas-tu à Versailles ? demanda le premier des deux jeunes gens.

— Oh ! je vais chez un avocat.

— Un avocat à Versailles ?

— Oui. Il n'est là qu'en passant ; j'ai à lui communiquer une consultation. Ordinairement il n'habite pas Versailles, ni même Paris, il est du barreau d'Arras.

— Est-ce qu'il est célèbre ?

— Ma foi, je le crois en bonne route pour arriver à la célébrité. L'Académie de Metz vient de lui décerner, en partage avec Lacretelle, un grand prix à propos d'un mémoire très remarquable dans lequel il fait l'éloge le plus sentimental des vertus philantropiques de Louis XVI.

— Tiens ! tiens ! tiens ! j'ai entendu parler de cela. Et comment le nommes-tu, ton avocat ?

— M. de Robespierre, répondit Tallien. Oh ! c'est un garçon qui ira loin et qui fera parler de lui, tu verras. D'abord c'est un poète remarquable. Il a écrit certains madrigaux qui ne sont point à dédaigner. Ce qu'il y a de charmant surtout dans sa poésie légère, c'est le ton de douceur et de sentiment qui y règne. Cet homme-là me fait l'effet d'être tout miel et tout sucre (1).

— Robespierre ! Robespierre ! répéta du ton d'un homme qui fouille dans sa mémoire, le clerc de maître Desrousseau, le jeune homme au visage frais et épanoui et que nous avons entendu nommer Michel Ney. Il me semble que je connais ce monsieur là ! Attends donc, est-ce que ce n'est pas un garçon de vingt-cinq à vingt-six ans, toujours soigné, musqué, paré, poudré et si bien chaussé, que j'ai rencontré la semaine dernière à ton étude ?

— Justement !

— Eh bien ! il a un air pincé qui me déplaît souverainement, ton M. de Robespierre.

— C'est un homme de talent !

— C'est possible, mais il ne doit pas être bon !

— Ah ! par exemple ! Figure-toi que, dernièrement, il a refusé à l'évêque d'Arras d'être chef de sa haute justice pour ne pas être obligé de prononcer contre un accusé la peine de mort (2) !

---

(1) Le sujet du mémoire dans lequel Maximilien de Robespierre fit l'éloge sentimental du roi qu'il devait quelques années plus tard contribuer à faire traîner au supplice, était : *De l'origine du préjugé qui fait rejaillir sur une famille l'infamie attachée au crime commis par l'un de ses membres.*

(2) Ce fait historique de la vie de Robespierre et de la réalité duquel on ne peut douter, n'assimile-t-il pas le sanguinaire

— Qu'est-ce que tu veux ? il me déplaît.

— Eh bien ! va lui dire.

— Moi ! s'écria Michel dont l'œil étincela soudain ; est-ce que tu m'en défies ?

— Là, là, monsieur Michel Ney, dernier clerc de l'étude de maître Desrousseau, notaire royal à Paris, calmez-vous, de grâce ! Je ne mets nullement en doute votre courage, dit en riant le jeune homme aux lèvres minces. Je suis convaincu que vous perceriez le flanc de tous les avocats du royaume, si cela peut vous être agréable.

— Tu crois, mon cher Tallien, que je me gênerais peut-être pour dire son fait à quiconque me déplairait ? fit Michel dont le regard était toujours animé.

— Je croirai pour peu que la chose te fasse plaisir, que tu es plus brave qu'un maréchal de France.

Michel partit subitement d'un violent éclat de rire.

— Qu'est-ce qui te prend ? demanda le jeune Tallien avec étonnement.

— Il me prend que tes paroles me rappellent un drôle de rêve que j'ai fait cette nuit.

— Ah ! toi aussi tu as fait un rêve ! dit Tallien dont le visage sombre se rembrunit encore.

— Oui, reprit Michel. Figure-toi qu'hier soir, j'étais rentré tard, et la cuisine de l'étude était fermée, de sorte que, ayant le gousset absolument à sec, j'ai été contraint de me coucher sans souper. Je ne sais pas si

dictateur à l'empereur Néron qui, dans sa jeunesse, pressé de signer un arrêt de mort, eût voulu, disait-il, *ne pas savoir écrire.* (*Note de l'auteur*).

c'est le vide de mon estomac qui a causé la surexcitation de mon cerveau, mais à peine avais-je fermé les yeux, qu'il me sembla que tout mon corps s'allongeait. Je grandissais... je grandissais au point que je dépassais de toute la hauteur du buste une foule d'hommes qui m'entouraient. J'avais un beau costume tout parsemé d'or et un grand sabre à la main... et puis tout à coup mon rêve a changé d'aspect. J'étais toujours grand, toujours richement vêtu ; j'avais encore mon grand sabre ; mais il me semblait être au milieu d'un champ de bataille. J'entendais les cris des vaincus, le bruit du canon, le choc des armées, et je me jetais au milieu des masses ; je criais, je frappais...

— Et tu avais un bâton fleurdelisé à la main ? interrompit Tallien en riant.

— Ma foi ! c'est bien possible... mais je n'en suis pourtant pas certain.

— Et sur la poitrine, n'avais-tu pas le cordon bleu et le cordon rouge !

— Oui ! j'avais celui-là ? dit vivement Michel.

— Peste ! la croix du Saint-Esprit et celle de Saint-Louis ! Monseigneur, je réclame votre protection !

— Je te la promets ! dit Michel en partageant la gaîté de son compagnon.

— Et comment s'est achevé ton rêve ?

— De la façon la plus prosaïque ! Il paraîtrait que je faisais beaucoup de bruit en dormant. La vieille servante de maître Desrousseau, qui couche dans une chambre voisine, a frappé rudement à ma cloison pour me demander si j'avais une indigestion. La vieille sempiternelle savait bien pourtant que je n'avais pas soupé !

— De sorte que ton songe a été interrompu.

— Hélas oui ! au plus beau moment, j'en suis sûr. Dis donc, Tallien ?

— Quoi !

— Est-ce que tu crois aux rêves, toi ?

— Ma foi non, heureusement.

— Pourquoi, heureusement ?

— Parce que si j'y croyais je serais très tourmenté.

— Bah ! tu as eu un songe aussi ?

— Oui, cette nuit.

— Oh ! raconte-moi cela ! Nous avons le temps, puisqu'il n'y a que ce carrabas pour nous conduire à Versailles, et qu'il ne partira pas pour nous deux...

— Ecoute alors, dit Tallien dont le front se rembrunissait à vue d'œil. Dans mon rêve, j'étais sur la mer, il y avait une tempête horrible. Le vaisseau qui me portait fut brisé tout à coup, et je tombai dans les flots.

— Ça signifie chute ! dit Michel en riant.

— Oui, mais la chute était affreuse, car à peine fus-je roulé par les vagues, que je m'aperçus que ces vagues étaient rouges, j'étais au milieu d'une mer de sang.

— Pouah ! que tu devais avoir peur ?

— Je ne sais pas si j'avais peur ; mais ce que je sais, c'est que je nageais vigoureusement. je me soutenais parfaitement. Bref, j'allais être sauvé, j'allais atteindre le rivage que je voyais près de moi, lorsque soudain le sang disparut, la mer redevint bleue, se calma...

— Et tu touchais la terre, interrompit Michel.

— Non! au contraire... les flots s'entr'ouvraient et je me sentais enfoncer...

— Tu t'es noyé dans ton rêve?

— Oui.

— Eh bien! est-ce désagréable de mourir sous l'eau?

— Ma foi, je ne me rappelle plus.

— C'est singulier que nous ayons fait chacun, la même nuit, deux rêves si différents. Dis donc, avais-tu soupé, toi?

— Oui, et copieusement encore.

— Alors la chose s'explique. La digestion aura été pénible, tandis que moi rien ne me gênait l'estomac. Simple question de circulation du sang.

— C'est possible.

— Ah ça, mais dit Michel en se tournant vers le cocher, lequel attendait fort patiemment la fin de la conversation des deux clercs de notaires, quand pensez-vous que nous partirons?

— Tout de suite, mon bourgeois. Montez toujours avec votre compagnon, il n'en manque plus que dix-huit! répondit le cocher avec son inaltérable bonne humeur. Et tenez! voilà la chance qui nous vient! regardez à droite et à gauche voilà deux pratiques.

Et, courant au-devant des nouveaux personnages qu'il indiquait, l'automédon fit claquer son fouet en reprenant à plein gosier son éternel refrain :

— Versailles! Sèvres! Saint-Cloud! Versailles! En

voiture ! en voiture ! On n'attend plus que vous pour partir ! Par ici, mes bourgeois, par ici !

L'épithète que l'habitude faisait employer par le conducteur du carrabas pour qualifier ses pratiques était cette fois, il faut le reconnaître, parfaitement mal appliquée. Le mot *bourgeois*, dans l'acception stricte que l'on lui donnait alors, signifiant marchand, négociant, clerc ou commis, ne pouvait convenir ni à l'un ni à l'autre des deux individus qui s'avançaient, le premier venant par le quai, et le second par l'extrémité opposée de la place.

Celui-là était un jeune homme de dix-huit ans, portant avec une grâce parfaite le costume de ces abbés mignons dont raffolaient si fort nos grand'mères. De magnifiques cheveux, non encore tonsurés, encadraient de leurs touffes bien poudrées à blanc, une tête ronde, chaudement colorée et étrangement animée par deux grands yeux noirs, fiers, hardis, presque provocateurs, qui étincelaient d'ardeur fougueuse. Rien ne contrastait davantage que cette physionomie audacieuse avec l'habit recouvrant le corps. On eût dit un jeune lion déguisé sous la peau d'un agneau. La démarche de l'abbé était vive, décidée, musculeuse, si nous pouvons nous servir de cette expression pour rendre mieux notre pensée.

L'autre personnage, celui qui s'avançait en ligne droite vers le carrabas, était un homme de vingt-cinq à trente ans, de taille moyenne, carré des épaules et large de poitrine. Il portait un habit affectant la coupe militaire, de couleur bleu clair galonné d'argent, une veste rouge galonnée d'or, et des culottes de même nuance s'arrêtant au-dessus de bas de coton blancs bien tirés sur une jambe assez belle. Un tricorne posé sur l'oreille, une longue queue traînant sur le collet de l'habit et terminée par un flot de rubans, un nez violacé, tranchant violemment avec la poudre de la chevelure, complétaient cet ensemble.

Marchant la pointe tendue, les coudes arrondis, la main droite appuyée sur le pommeau d'acier d'une longue brette, la gauche balancée gracieusement par le mouvement du bras, la future pratique du propriétaire du carrabas s'avançait d'un air triomphant en se dandinant coquettement sur ses hanches.

— Tiens, dit Michel en désignant le personnage à l'aspect martial, je ne me trompe pas! c'est ce grand pourfendeur de Pierre, mon ancien maître d'armes. J'ai pris leçon avec lui durant trois mois, et puis il est parti pour Naples où je le croyais même encore.

En ce moment le jeune abbé arrivait près des deux clercs, et, tirant un fin mouchoir de batiste de sa poche, s'éventait doucement le visage.

IV

LES VOYAGEURS

Le maître d'armes, moins leste que le petit abbé, atteignait à peine les premiers arbres du cours la Reine, lorsque le cocher du véhicule explorant toujours avec attention la surface poudreuse de la place et les voies qui s'ouvraient sur elle, poussa une nouvelle exclamation joyeuse.

— Versailles! Versailles!... reprit-il en redoublant les claquements sonores de son fouet. Voilà que ça se complète! Je disais bien que nous allions partir! Sèvres! Saint-Cloud!... En voiture vivement!... Versailles! Versailles! Prenez les premières places! Voilà la foule qui accourt; bientôt il n'y en aura pas assez pour tout le monde! En voiture! en voiture!...

Effectivement, trois groupes apparaissent en plein soleil dans la direction que venait de suivre l'abbé; ces trois groupes, s'avançant vers le lieu où se trouvaient déjà réunis les quatre voyageurs, formaient ce que le cocher nommait *la foule.*

Le premier de ces trois groupes se composait de trois personnages dont deux, âgés de vingt à vingt-cinq ans, avaient dans leur démarche, leur maintien, leur allure et leur costume, quelque chose de grave et de réfléchi peu en harmonie avec leur apparence de jeunesse. On devinait des âmes vieillies sous des fronts encore purs.

L'un était mince et fluet ; sa physionomie, assez belle, offrait le caractère frappant d'une intelligence hors ligne ; son sourire était triste, son regard sombre, scrutateur, incisif.

L'autre portait, sur un col très court, une tête remarquablement laide, mais en même temps d'une expression sauvage ; le cerveau, fonctionnant à l'aise sous un front très large, devait être sans cesse en ébullition ; le nez était court, la narine très mobile et l'œil franc et bien ouvert lançait des gerbes étincelantes. On oubliait la laideur des traits en examinant l'ensemble de cette physionomie étrangement expressive.

Le compagnon de ces deux hommes, plus jeune qu'eux de cinq ou six années, était vêtu avec une extrême recherche et suivant les dernières lois de la mode. Sa figure, fraîche et jolie, était encadrée par ses longs cheveux tressés et bouclés, mis en queue et nattés à *la Panurge* et surchargés de poudre et de pommade.

Sur cette chevelure blanchie s'aplatissait un chapeau bas de forme et rond de bords nommé chapeau à l'*indépendant.*

Sa poitrine était recouverte d'un gilet-veste de satin blanc sur lequel étaient brodées en couleurs des scènes de chasse et de vendanges. Par-dessus ce gilet il portait un habit à basques pointues, à collet droit, en cannelé rose et bleu avec une doublure jaune ; les boutons, de deux pouces de diamètre au moins, contenaient, sous verre, une série de mignatures représentant les métamorphoses d'Ovide. La culotte était de calmande, et des bas blancs à côtes complétaient l'ajustement.

Le jeune homme paraissait être charmé de se faire voir sous ce costume bizarre, exécuté par les meilleurs faiseurs et dénotant, de la part de celui qui le portait, un culte fanatique des exigences de la mode.

En arrivant en présence du carrabas, les trois personnages s'arrêtèrent ; le plus jeune fit une moue dédaigneuse en examinant la voiture et, le plus laid sourit gaiement.

— Ah ! ah ! Léon, mon cher enfant, dit-il en désignant le carrabas, les véhicules parisiens n'ont pas votre approbation à ce que je vois. Cependant il faudra vous y faire, si le papa, ainsi qu'il me le disait hier soir, veut vous laisser ici pour achever vos études. Vertudieu ! je sais bien qu'un beau carrosse doré à quatre chevaux ferait mieux votre affaire que cette vilaine boîte traînée par ces maigres haridelles !

— Vous vous trompez, cher maître ! répondit vivement le jeune homme. Je ne désire pas pour moi un carrosse plus beau que celui des autres. Seulement ce que je trouve injuste, ce qui révolte mon sentiment, c'est que les uns soient forcés de monter dans celui-ci, tandis que d'autres se pavanent dans ceux dont vous parlez !

— Bien dit ! fit l'interlocuteur du jeune homme dont l'œil étincela vivement. Belle pensée !

— Mais difficile à mettre en pratique, ajouta le troisième compagnon.

Pendant ce temps, le second groupe signalé par le cocher approchait rapidement ; il se composait des deux jeunes gens que nous avons laissés rue Royale, alors qu'ils se disposaient à traverser la place Louis XV. Les deux marins marchaient vivement, se dirigeant en ligne droite vers le cours la Reine, sans paraître se soucier de la chaleur tropicale qui régnait sur le parcours du chemin qu'ils suivaient.

— Eh ! s'écria celui que le jeune Léon avait qualifié du titre de maître (titre approprié alors, comme aujourd'hui, à tous les membres du barreau de France,) eh ! je ne me trompe pas, ces deux personnes qui viennent vers nous sont, l'une le vicomte de Renneville et l'autre le marquis d'Herbois.

— Est-ce qu'ils ne font pas partie de l'expédition que prépare en ce moment La Peyrouse ? demanda l'homme au regard sombre.

— Précisément. Le roi leur a donné leur commission la semaine dernière. Je me suis trouvé avec eux, il y a quelques jours, chez le premier président ; ce sont de charmants jeunes gens ; s'ils font route aujourd'hui avec nous, je vous présenterai à eux. Si tous les gentilshommes ressemblaient à ceux-là, la noblesse de France aurait le droit de porter haut son blason !

Le vicomte et le marquis atteignaient l'entrée du cours. Celui qui venait de parler et de révéler les noms et qualités des deux marins les regarda fixement, et, s'apercevant aussitôt qu'il était reconnu, il s'inclina poliment.

Les gentilshommes rendirent le salut et le vicomte fit un pas en avant.

— Maître Danton, je crois, avocat aux conseils du roi ? dit le vicomte du ton d'un homme qui n'est pas absolument certain de l'identité du personnage auquel il parle.

— Tout à votre service, monsieur le vicomte, répondit le futur fondateur du club des Cordeliers.

— Et vouz allez à Versailles, Messieurs ? reprit-il après un moment de silence.

— Oui, répondit le vicomte.

— En carrabas ?

— En carrabas, puisqu'il n'y a pas d'autre moyen de transport.

— Oh ! ajouta le marquis, des marins, n'ont pas le droit de se montrer difficiles ; d'ailleurs, vous voyez, monsieur Danton, que le voyage en carrabas sera pour nous une bonne fortune puisque nous aurons l'honneur de faire route avec vous et ces Messieurs.

Et du geste le gentilhomme désigna le jeune Léon et l'autre compagnon de Danton. Ceux-ci s'inclinèrent en saluant le marquis. Danton se rapprocha d'eux.

— M. Joseph Fouché, dit-il, professeur au collège de Juilly et M. Léon de Saint-Just, fils de l'un de mes bons amis, lequel vient à Paris pour la première fois.

Le vicomte et le marquis répondirent à cette double présentation par un salut.

— Monsieur Fouché, dit M. de Renneville, votre père n'est-il pas armateur à Nantes ?

— Oui, Monsieur, répondit le professeur.

— Ah ! M. de Saint-Just en est à son premier voyage à Paris ? fit M. d'Herbois en s'adressant au jeune homme. Et que dit-il de la capitale ?

Et la conversation s'engagea aussitôt entre les deux gentilshommes et les trois futurs terroristes, tandis que Michel, renouant connaissance avec son ancien maître d'armes, le présentait de son côté à son ami Tallien.

Le petit abbé, lui, s'éventant toujours, marchait doucement, pirouettant sur ses talons, jetant autour de lui ses regards éveillés comme un homme en quête d'aventures.

Le troisième groupe, celui qui avait apparu le dernier à l'angle de la place et de la nouvelle rue Royale, n'était plus qu'à peu de distance du cours la Reine.

Les deux personnages qui le composaient, marchaient bras dessus bras dessous, en causant familièrement.

L'un était grand, élancé, bien pris cependant dans sa taille et portant haut une magnifique tête à l'expression noble et sévère et à la coupe romaine. Sa démarche, son geste avaient quelque chose de simplement grandiose qui frappait à première vue.

Celui qui s'appuyait nonchalamment sur le bras de son compagnon était de petite taille, maigre, sec, et d'apparence débile. Sa tête très forte paraissait en disproportion avec son corps mince et délicat. Ses traits étaient fortement accusés, son teint mat et bilieux, et sa physionomie expressive était, de temps à autre, subitement illuminée par un regard de feu partant d'une prunelle extrèmement dilatée.

Le plus grand pouvait avoir dix-neuf à vingt ans et portait un costume simple, mais sévère et de bon goût.

Le plus petit, âgé au plus de dix-sept ans, était revêtu de l'uniforme des élèves de l'Ecole militaire de Paris.

Tallien, qui riait avec Michel et le maître d'armes, se trouvait placé de façon à voir venir en face les deux nouveaux arrivants. Tout à coup, il interrompit une histoire de duel que contait l'homme à la longue brette.

— Dis donc, Michel, s'écria-t-il, as-tu mal aux dents?

— Si j'ai mal aux dents? répondit Michel d'un air étonné. Ma foi, non!

— C'est dommage.

— Pourquoi cela?

— Parce que si tu avais eu mal aux dents, je t'aurais envoyé au monsieur qui vient là.

— Lequel? Ce petit élève de l'Ecole militaire?

— Non, l'autre!

— Ce grand sec?

— C'est donc un dentiste?

— Oui.

— Et un fameux encore? dit Tallien en riant aux éclats, oh! je le connais, va! sa connaissance m'a même laissé de cuisants souvenirs!

— Est-ce qu'il vous aurait fait celui de vous arracher quelques molaires avec accompagnement de gencive ? demanda le maître d'armes en se frisant la moustache.

— Si je l'avais laissé faire, il m'aurait bien arraché toute la mâchoire ! dit Tallien en riant de plus belle. Non ! jamais on n'a vu un gaillard plus maladroit que cet être-là ! Il m'a torturé une heure durant, sous prétexte de me conserver je ne sais quelle incisive qui me faisait souffrir. Le remède était pire que le mal. Je voudrais vous en voir essayer tous les deux.

Grand merci ! dit Michel.

— Vertuchoux ! s'il tentait de m'extirper la moindre des choses, je l'embrocherais comme une mauviette ! ajouta le maître d'armes avec des airs de capitan.

— Et comment le nommes-tu, ton dentiste, afin que nous puissions nous en préserver dans l'avenir ! demanda Michel.

— Il s'appelle Talma, répondit Tallien.

— Tiens ! Talma ?... Est-ce qu'il n'a pas un père inventeur d'un râtelier qui marche tout seul ?

— Tu y es ! son père est arracheur de dents ; c'est une famille de dentistes ; seulement, le père de celui-ci est établi à Londres.

— Le fils devrait bien y aller aussi alors.

— C'est ça ! s'écria le maître d'armes ; qu'il arrache tout aux Anglais, je lui donnerai ma bénédiction !

— Et celui qui est avec lui en ce moment ? demanda Michel.

— L'élève de l'École militaire ?

— Oui ; le connais-tu ?

— Ma foi ! non, répondit Tallien ; mais ce doit être un enfant du Midi, à en juger par la couleur de son teint.

— Il a des yeux magnifiques et une bien jolie main !

Le petit abbé, se dandinant toujours sur les hanches, passait alors derrière les trois causeurs. Le maître d'armes fit un pas en arrière ; au même moment, l'abbé pirouettait légèrement sur les talons de ses souliers bien cirés et dont à l'aide de son mouchoir il venait de chasser la poussière. Du double mouvement des deux hommes résulta aussitôt un accident imprévu. La longue brette de l'un engagea son extrémité dans la soutane de l'autre, et l'abbé, achevant brusquement sa pirouette, faillit tomber en avant, tandis que l'étoffe noire craquait dans sa largeur et que le fourreau de la brette y découpait une large échancrure.

Le petit abbé devint cramoisi de colère, et ses yeux ardents semblèrent lancer des flammes.

— Butor ! s'écria-t-il.

— Hein ? fit le maître d'armes en se retournant.

— Je dis butor ! répéta l'abbé en se dressant sur ses pointes, pour regarder dans le blanc des yeux son grand interlocuteur.

— Ventrebleu ! fit le professeur d'escrime, voilà un mot que vous allez rétracter, mon petit bonhomme !

— Je ne rétracterai rien, mon grand monsieur.

— Alors, je vous donnerai le fouet comme à un enfant mal élevé !

— Le fouet ! hurla le petit abbé en devenant pourpre de cramoisi qu'il était.

Un moment il demeura comme frappé de stupeur ; la colère le rendait immobile, ses yeux lançaient des cascades lumineuses. Tout à coup il poussa un cri rauque, bondit jusqu'au vicomte de Renneville, arracha plutôt qu'il ne prit l'épée que le marin portait au côté, et revenant subitement l'arme haute :

— En garde ! en garde ! cria-t-il au maître d'armes.

Les spectateurs de cette scène, qui avait duré l'espace de quelques secondes à peine, étaient stupéfaits. Le professeur d'escrime, étonné lui-même, regardait son adversaire avec une expression d'admiration naïve.

— Peste ! fit-il en riant sans paraître ému le moins du monde de l'épée nue qui menaçait sa poitrine. Voilà un abbé gentil à croquer !

— En garde ! en garde ! répétait l'abbé dont le courroux allait croissant.

Mais les deux gentilshommes et les deux clercs se précipitèrent en même temps.

— Eh ! eh ! monsieur l'abbé, dit Michel en s'effforçant de calmer l'irascible jeune homme, vous oubliez votre caractère pacifique ! Un prêtre mettre l'épée à la main !

— Au diable ! s'écria l'abbé en tentant, mais en vain, de se faire jour jusqu'à son adversaire ; je ne suis pas prêtre encore, heureusement ! Je n'ai d'abbé que le costume ; je suis élève au séminaire de Toulouse, où je jure bien de ne retourner jamais... ainsi laissez-moi faire ! allons, en garde !

— Du calme ! du calme ! mon jeune ami, dit le vicomte en ne pouvant s'empêcher de sourire.

— Jour de Dieu ! je veux rendre au ventre de ce

grand pendard l'accroc que sa broche a fait à ma soutane neuve ! cria l'abbé en se débattant de plus bel.

— Ta ! ta ! ta ! répondit le professeur d'escrime. Vous ne rendrez rien du tout, et moi je ne veux vous faire aucun mal. Sachez, jeune imprudent, que vous jouez là un jeu dangereux ! Je m'appelle Pierre Augereau, et je suis maître ès-armes !

— Et moi je me nomme Joachim Murat, et je veux me battre ! reprit l'abbé d'une voix plus furieuse encore.

V

LE PETIT ABBÉ

L'animation croissante du jeune et gentil abbé et la tranquillité parfaite de son adversaire le maître d'armes donnaient à la scène un côté comique qui amoindrissait de beaucoup le dramatique de la situation.

En effet, ce jeune homme, presque encore enfant, se démenant sous sa soutane, découpant l'air avec la lame de son épée nue, et gesticulant des deux bras en face de ce personnage au regard calme et railleur, à la contenance impassible, au sourire protecteur, les deux mains croisées derrière le dos et la tête penchée avec une expression bienveillante, offrait avec son ennemi un contraste si frappant que les futurs voyageurs du carrabas échangèrent entre eux un coup d'œil ironiquement moqueur.

On eût dit l'un de ces petits et gracieux lévriers cherchant querelle à un vigoureux épagneul et bondissant autour de lui pour le provoquer au combat, dont le plus fort reconnaissait la profonde inégalité.

— En garde ! en garde ! criait toujours Joachim en repoussant Michel et le vicomte de Renneville, qui essayaient de contenir ses gestes provocateurs.

— Faites-lui des excuses, dit tout bas le marquis à l'oreille d'Augereau.

Celui-ci haussa les épaules ; mais avec cette expression de bonté d'un homme qui a la conscience de sa force en présence d'une créature plus faible, il écarta Michel et Tallien, qui le séparaient de son adversaire entêté.

— Monsieur l'abbé, dit-il, ce n'est pas ma faute si le fourreau de mon épée a déchiré votre soutane. Je vous pardonne votre petit mouvement de vivacité, et, non-seulement je ne vous en veux pas, mais encore je déclare que vous me plaisez singulièrement, car j'aime les braves, et, pardieu ! vous avez du sang dans les veines, je m'y connais ! Allons ! donnez-moi la main et n'en parlons plus !

L'abbé regarda fièrement le maître d'armes d'abord, puis ceux qui l'entouraient ensuite. Il sembla hésiter. Enfin, rendant l'épée au vicomte, il accepta la main que lui tendait le maître d'armes.

— Brave et pas de rancune ! dit celui-ci en répondant au geste de l'abbé par une pression énergique. Bon caractère !

— Mais, dit Danton en s'avançant vers le cocher, lequel, appuyé sur le manche de son fouet, avait assisté à la scène précédente avec une évidente satisfaction de curiosité, il me semble que nous pouvons partir...

— En voiture ! en voiture ! cria aussitôt l'automédon, Versailles ! Sèvres ! Saint-Cloud ! Versailles !

Et il s'empressa d'ouvrir la portière de son carrabas. L'agglomération des onze voyageurs, devant l'étroite ouverture par laquelle on pénétrait dans le carrabas, fut accompagnée d'un léger moment de tumulte.

— Nous allons partir ? demanda Fouché en s'adressant au cocher, lequel ne se pressait nullement de refermer la portière ouverte.

— Tout de suite, mon bourgeois, tout de suite ! Vous êtes déjà onze. Il n'en faut plus que neuf !

Un hourra d'indignation répondit à ces paroles.

— Patience ! patience ! fit tranquillement le cocher ; ça va se compléter, vous allez voir !

— Nous n'arriverons pas à Versailles aujourd'hui ! dit le marquis avec une extrême impatience. Il est près de dix heures !

— Impossible cependant de prendre une autre voiture, répondit le vicomte. Corbleu ! allons-nous nous mettre en route ?

— Nous partons, mon gentilhomme, cria le cocher en faisant mine, pour passer le temps, d'arranger quelque chose aux harnais de ses malheureux quadrupèdes. Nous partons ? une minute... et, tenez, voilà quelque chose qui se mitonne là-bas sur la route des Tuileries.

Les voyageurs du carrabas tournèrent involontairement les yeux vers l'endroit que signalait l'automédon,

Effectivement les regards perçants du dénicheur de pratiques venaient de distinguer un tourbillon de poussière soulevé à la hauteur de l'aile du palais ; mais c'était une fausse espérance que le cocher donnait à ses voyageurs, afin de leur faire prendre patience (et le drôle le savait bien), car ce tourbillon de poussière, qu'une brise molle chassait dans la direction du cours la Reine, était soulevé, non point par les pas de simples piétons, mais bien par les pieds d'un riche attelage entraînant vers le cours la Reine une voiture découverte semblable à celles dont se servaient les garçons d'écurie de grande maison pour promener les chevaux ou aller au fourrage.

Cette voiture était occupée seulement par deux personnes, placées toutes deux sur un siège très élevé, suivant la mode anglaise, à laquelle le véhicule empruntait d'ailleurs son entière construction. La première de ces deux personnes, c'est-à-dire celle qui, tenant la droite, rassemblait les rênes et dirigeait l'attelage, était un jeune homme de belle mine, au front intelligent, aux traits gracieux, et portant la livrée des garçons de l'écurie de monseigneur le comte d'Artois. Il menait ses chevaux avec une adresse merveilleuse et un sang-froid remarquable.

Son compagnon, qui certes avait atteint sinon, dépassé la quarantaine, était d'une laideur repoussante. Ses vêtements, salis, en désordre, étaient loin de relever sa mauvaise mine. En passant devant le palais des Tuileries, l'œil de vipère de cette désagréable créature y avait lancé un regard rempli de venin.

Cet homme contrastait en tous points avec le beau garçon d'écurie qui maintenait ses chevaux pleins d'ardeur, et servait encore à en faire ressortir la bonne grâce et la charmante expression de visage.

La voiture, aux armoiries du second frère du roi, roulait rapidement sur le quai désert. Au moment où elle déboucha sur la place Louis XV, un cabriolet léger, entraîné par un joli cheval bai, s'avança en se maintenant à sa hauteur, débouchant, lui, par la rue Royale.

Le cabriolet, voiture toute récente alors, était surchargé de dorures, finement peint et du modèle le plus élégant. Son heureux propriétaire, assis dans l'intérieur sur un coussin plus élevé que celui de la place voisine, tenait avec une aisance de grand seigneur les guides et le fouet au manche d'ébène incrusté d'or.

A son costume, à ses manières, on devinait au premier coup d'œil que cet homme appartenait à la cour; mais une certaine affectation dans sa pose, dans son maintien, attestait plus encore le désir de paraître un personnage d'importance que la réalité d'une condition supérieure. Vêtu avec une recherche et un soin extrêmes, coiffé comme le dieu de la mode en personne, il paraissait être et il était réellement fort beau cavalier.

Un petit jokey tout de rose habillé et poudré à blanc était grimpé derrière le cabriolet et se penchait de temps à autre sur le côté de la capote relevée, pour explorer l'horizon.

A cette époque, l'allée du cours la Reine était seule praticable dans cette partie des Champs-Elysées. Le mauvais état de la berge de la rivière (le quai n'existant pas) rendait le passage du bord de l'eau impossible pour les voitures.

La voiture aux armes de France et le cabriolet se dirigeaient donc vers le même point, formant, dans leur course, les deux côtés d'un angle aigu, dont le sommet était occupé en partie par le carrabas stationnaire.

Le passage était assez large, au reste, pour permettre aux trois voitures de se maintenir de front, et le cabriolet et la voiture des écuries du comte d'Artois s'élancèrent en même temps dans l'espace resserré, mais suffisamment étendu, quand tout à coup un troisième véhicule surgit de l'intérieur des Champs-Elysées, coupant en biais les plantations, malgré les défenses de police, et s'élança sur le cours en direction diamétralement opposée à celle prise par les deux équipages. Ce véhicule, traîné par deux vigoureux chevaux normands attelés en flèche était un pesant haquet de brasseur surchargé d'un nombre infini de ces petits tonneaux inventés par nos voisins d'outre-Rhin.

Le conducteur, posé à califourchon, comme le dieu Bacchus, sur le tonneau de tête, qui lui servait de siége, dirigeait à grandes guides son porteur et son cheval de volée, les animant tous deux par les claquements énergiquement répétés de son fouet au manche noueux et flexible. Le brasseur, âgé d'une trentaine d'années environ, était gros, gras, haut en couleur. Il portait la cotte traditionnelle, et son visage épanoui était absolument dépourvu de finesse et d'intelligence.

Les chevaux normands, poussés par le poids de la lourde charge qu'ils traînaient, et dont la puissance était décuplée encore en raison de la force de l'impulsion donnée, étaient dans l'impossibilité absolue de s'arrêter brusquement. De leur côté, le cabriolet et l'autre voiture, lancés à toute vitesse, étaient également incapables de ralentir subitement leur allure. Un triple choc était donc certain, imminent, inévitable.

Les voyageurs placés dans le carrabas poussèrent en même temps un cri de frayeur. Leur position, au reste, n'était pas exempte de dangers. La catastrophe qui menaçait le haquet, le cabriolet et la voiture, devait mettre le carrabas en péril, car, bien que stationnaire, il se trouvait compromis dans la bagarre puisqu'il formait l'un des obstacles s'opposant au passage du lourd et menaçant véhicule.

Le cocher du carrabas, le brasseur et le garçon d'écurie, lançaient ensemble une série d'effroyables jurons, tandis qu'une clameur lamentable partait du fond du cabriolet.

Michel, Tallien et Augereau, placés les plus près de la portière ouverte, voulurent s'élancer à la fois au dehors; mais ils n'en eurent pas le temps.

Une secousse violente ébranla la voiture publique; des craquements sonores éclatèrent de tous côtés, et un nuage de poussière s'éleva sur le lieu de la catastrophe. Des cris, des injures, des hennissements, le bruit de ruades brisant les caisses des voitures, un charivari épouvantable enfin anima brusquement l'entrée du cours la Reine, tout à l'heure si paisible.

Les voyageurs sautèrent lestement à terre; mais tout d'abord, ils ne purent que constater l'accident, sans qu'il leur fût possible d'y porter remède. C'était en effet un chaos épouvantable. Le carrabas tenait la droite de la route ; la voiture aux armes du comte d'Artois s'était élancée tenant la gauche, et le cabriolet, lui, était au milieu. Lorsque le haquet s'était rué sur le passage encombré, il avait fait une trouée. Accrochant violemment la voiture de promenade, il l'avait arrêtée net. Les deux chevaux s'étaient abattus sous le choc ; le garçon d'écurie avait été lancé loin de son siége, sur le gazon du cours, et le second personnage était demeuré cramponné au faîte du carrosse, évitant ainsi une chute dangereuse.

Mais si le haquet avait heurté de sa roue de gauche le véhicule du comte d'Artois, sa roue de droite avait atteint en plein poitrail le cheval du léger cabriolet. Celui-ci, enlevé et renversé en arrière était retombé sur la voiture qu'il traînait, brisant son brancard, et précipitant la caisse sur le pesant carrabas.

La voiture publique avait reçu une rude atteinte, mais le pauvre cabriolet, pris, broyé, étranglé entre sa masse solide et celle non moins redoutable du haquet, le pauvre cabriolet, déjà disloqué par la chute du cheval, n'avait pu résister à ce choc épouvantable. Les roues s'étaient détachées, et la caisse était tombée sur la route, engloutissant sous sa capote le malheureux propriétaire de la voiture anéantie.

Les maigres haridelles du carrabas, bousculées, repoussées, entraînées les unes sur les autres, s'étaient embarrassées dans leurs traits et ruaient avec une ardeur dont on les eût crues incapables.

Le cheval du cabriolet gisait à terre le poitrail entr'ouvert, inondant de sang la poussière de la route. Les deux chevaux de l'autre voiture se débattaient énergiquement, l'un pris sous le timon, l'autre engagé sous le porteur du haquet.

Quant au brasseur, à sa voiture, à ses tonneaux et à ses deux vigoureux normands, ils demeuraient maîtres du champ de bataille, dominant le tumulte ; le brasseur toujours à cheval sur son tonneau, son porteur immobile et son cheval de volée piétinant sur les débris du cabriolet.

Le premier soin des voyageurs et du cocher du carrabas, qui s'était joint à eux, fut de débarrasser les chevaux pour mettre fin aux ruades et éviter ainsi de nouveaux malheurs.

Le garçon d'écurie s'était relevé tout meurtri de sa chute, et arrivait clopin-clopant sur le lieu du sinistre.

— Que le diable te torde le cou ! s'écria-t-il furieux qu'il était, en s'adressant au brasseur ; ne voyais-tu donc pas devant tes chevaux ?

— Et toi, cocher de malheur ! te faut-il donc des lunettes ? riposta le vigoureux conducteur du haquet.

— Des lunettes ! attends ! attends ! je vais t'en donner !

— Viens-y donc un peu, pour voir.

— Ça ne sera pas long, gros avaleur de houblon !

Et le garçon d'écurie se précipita la main haute sur le haquet qu'il escalada. Le brasseur prit son fouet par le petit bout du manche, et se tint sur la défensive.

— Hoche! taisez-vous et aidez plutôt ces Messieurs, dit d'un ton impérieux l'autre personnage, demeuré encore sur le siége où il s'était cramponné et dont il essayait cependant de descendre.

— Eh! répondit le garçon d'écurie avec un accent grondeur, mais en s'arrêtant toutefois dans ses démonstrations menaçantes. Eh! ne voyez-vous pas, monsieur Marat, que c'est ce gros butor-là qui a détérioré l'attelage de Monseigneur.

— Tu n'avais qu'à maintenir tes bêtes, je ne t'aurais pas accroché! fit le brasseur en haussant les épaules.

— Tiens! dit tout à coup le cocher du carrabas en regardant le brasseur, c'est Santerre, du faubourg Saint-Antoine! Ça va bien du reste?

— Corbleu! s'écria Danton avec impatience, avez-vous fini de vous disputer et de vous souhaiter la bienvenue? Çà! dégagez vos voitures! Il y a peut-être sous cette capote de cabriolet un homme grièvement blessé.

— Eh bien! répondit celui que nous avons entendu nommer Hoche, s'il est blessé, il a une fière chance, puisque voilà le chirurgien des écuries de Monseigneur.

Et du geste il indiqua le personnage qu'il venait de désigner sous le nom de M. Marat.

Cependant le brasseur Santerre, sautant à bas de son haquet, prit son porteur par le mors et le fit reculer. Le cheval de volée obéit également à l'impulsion donnée et accomplit un mouvement rétrograde.

Hoche avait remis ses chevaux sur pied, et l'endroit où gisait le cabriolet demeura libre. La malheureuse bête qui s'emportait si rapidement quelques instants plus tôt, demeurait immobile étendue sur le flanc et perdant à flot son sang qui s'échappait par la large blessure qu'avait faite la roue du haquet.

Les voyageurs entourèrent la capote, laquelle, par sa position, ressemblait à une énorme cloche de cuir, et l'enlevèrent doucement pour dégager l'homme enfoui sous elle.

Le propriétaire du cabriolet gisait inanimé, ne donnant aucun signe de vie.

— Cet homme serait-il mort? demanda Michel avec effroi.

— Non! dit le chirurgien Marat en examinant le corps. Il n'est qu'évanoui et je crois même qu'il n'a aucune blessure.

Et se retournant brusquement vers le garçon d'écurie, lequel recommençait à se disputer plus chaudement que jamais avec le brasseur:

— Hoche! ajouta-t-il, donnez-moi ma trousse, qui doit être sur le siége de la voiture.

Hoche obéit vivement et tendit au chirurgien l'objet demandé. Marat ouvrit la trousse et en tira un flacon qu'il déboucha d'abord et plaça ensuite sous les narines du personnage évanoui. Celui-ci soutenu par le vicomte et par Fouché, entr'ouvrit aussitôt les yeux et fit un mouvement.

— Là! ce n'est rien! dit Marat. Le voilà qui reprend ses sens. Dans quelques minutes il n'y pensera plus.

— Comment vous trouvez-vous, Monsieur? demanda Danton en s'approchant.

Le propriétaire du cabriolet remua les lèvres comme

pour balbutier un remerciement. En ce moment son regard vague s'arrêta sur le cheval mourant. Il poussa un profond soupir :

— Une bête de cent louis ! murmura-t-il.

A l'instant précis de la catastrophe, le petit jockey grimpé derrière le léger véhicule, avait prestement sauté de côté et s'était garé ainsi des suites de l'événement. L'un des premiers il était venu au secours de son maître, et il regardait d'un œil triste les débris du cabriolet éparpillés autour de lui.

Tout à coup le bruit lointain du timbre d'une horloge arriva jusqu'au cours la Reine. Le jockey tressaillit et, saisissant respectueusement la main de l'homme à demi évanoui encore :

— Monsieur ! Monsieur ! dit-il vivement. Revenez à vous ! il est dix heures !

— Dix heures ! répéta machinalement celui auquel s'adressait le petit domestique.

— Oui, Monsieur ! voilà dix heures qui sonnent aux Tuileries et vous devez être à onze heures et demie à Versailles !

Ces simples paroles parurent produire une impression profonde sur celui qui les entendait. Reprenant subitement l'usage de ses sens, il s'arracha par un mouvement brusque des mains qui le soutenaient.

— Dix heures ! dix heures ! s'écria-t-il. Mon cheval tué ! mon cabriolet brisé ! je n'arriverai jamais ! Que va dire Sa Majesté ? Sangdiou ! poursuivit-il avec un accent gascon très-prononcé et en s'adressant successivement au brasseur, au cocher du carrabas et au garçon d'écurie. Sangdiou ! bélitres ! ivrognes ! pendards ! La reine m'attend ! vous périrez tous à la Bastille !

Puis, précipitant ses paroles et ses gestes :

— Une voiture ! une voiture ! s'écria-t-il, ma fortune pour un cheval !

— Voilà ! voilà ! cria le cocher du carrabas.

— Eh ! caramba ! tu n'arriverais jamais toi ! continua le pétulant personnage. Il me faut un attelage princier ! Celui-ci !

Et il désigna la voiture aux armes du comte d'Artois.

— Le carrosse de Monseigneur ! répondit Hoche en haussant les épaules.

— Eh ! si Monseigneur était là, il serait le premier à m'offrir place à ses côtés ! Sais-tu qui je suis, bélitre ? Léonard ! entends-tu ? Léonard, le coiffeur de Sa Majesté la reine de France et de Navarre ! Et Sa Majesté m'attend ! Comprends-tu, pendard ? Vite ! vite ! en route, et brûle le pavé !

— Impossible, Monsieur ! répondit Hoche en désignant sa voiture. Vous le voyez, j'ai deux jantes brisées ; je vais être obligé de remiser à Paris. Je ne puis même pas conduire M. Marat, le chirurgien des écuries de Monseigneur.

— Oh ! fit Marat en haussant les épaules, ne t'inquiète pas, mon garçon. Je ne suis pas coiffeur de la reine, moi, et je me contenterai du modeste carrabas.

Léonard paraissait désespéré.

— Vas-tu partir au moins sans tarder d'une minute ?

dit-il en s'adressant au cocher de la voiture publique.

— Tout de suite, mon bourgeois. Il ne manque plus maintenant que sept voyageurs pour être complet. C'est l'affaire d'un instant.

— Eh ! bourreau ! je paye les sept places vacantes, mais brûle le pavé.

— Alors, en voiture ! nous partons ! cria le cocher en se frottant joyeusement les mains.

Les voyageurs, non moins enchantés que l'automédon, que l'heure du départ fût enfin sonnée, remontèrent vivement dans le carrabas. Léonard s'élança, se plaçant sur la banquette du centre, qu'il partagea avec Michel et Tallien. Augereau et le petit abbé ferrailleur se mirent en face. Le chirurgien Marat monta le dernier.

Pendant ce temps Hoche, visitant soigneusement ses chevaux, s'apprêtait à tourner bride et à rentrer dans le centre de Paris pour remiser sa voiture avariée. Santerre rattachait la sangle de son porteur, laquelle, s'était débouclée par suite du choc donné et reçu.

Le cocher du carrabas monta sur son siège, et, rassemblant ses rênes, fit claquer son long fouet ; les pauvres chevaux secouèrent péniblement la tête.

— Attends, cria tout à coup le brasseur, voilà encore un voyageur qui t'arrive.

Et du geste il désigna un tout jeune homme, lequel courait à perdre haleine en traversant la place, et en faisant de grands gestes à l'intention évidente de la voiture sur le point de démarrer.

Ce jeune homme, vêtu en modeste artisan, portait

sous son bras droit un énorme paquet de franges de toutes nuances attachées avec une toile verte. Il arriva ruisselant de sueur et respirant bruyamment à l'entrée du cours.

— Y a-t-il encore de la place ? cria-t-il sans s'arrêter.

— Oui, oui, je vais vous ouvrir ! Dépêchez-vous ! dit le cocher en se disposant à quitter son siège.

Le nouveau venu s'arrêtait alors en face du carrabas et à côté de Hoche, lequel fit un brusque mouvement de joyeuse surprise.

— Tiens ! s'écria-t-il en s'adressant au jeune artisan, dont il prit affectueusement la main, c'est toi, Jean Lannes ?

— Hoche ! fit l'autre en souriant.

— Je te croyais en tournée.

— Je suis revenu ; j'ai fini mon apprentissage.

— Et chez qui travailles-tu, maintenant ?

— Chez maître Bernard, le gros teinturier de la rue Saint-Honoré.

— Et tu vas à Versailles, Jean ?

— Oui, je vais porter des franges au château.

— Partirons-nous ? cria Léonard avec fureur.

— Voilà ! voilà ! répondit le cocher en ouvrant la portière ; montez, mon bourgeois !

Celui qu'on venait d'appeler Lannes serra les mains de Hoche et s'élança lestement.

Le cocher reprit place sur son siège.

— Deux écus pour toi si tu fais la route en deux heures ! lui cria le coiffeur en passant sa tête poudrée par la portière.

— En avant, hue, roulez ! glapit l'automédon en faisant pleuvoir une grêle de coups de fouet sur l'échine maigre de ses pauvres chevaux.

L'attelage tout entier fit un effort désespéré ; le carrabas s'ébranla et commença à rouler. Santerre remontait sur son haquet.

— Adieu, Santerre ! cria le cocher du carrabas.

— Adieu, Fouquier ! répondit le brasseur en adressant avec son fouet un geste amical au cocher de la voiture publique.

Et le haquet et le carrabas s'élançant à la fois en sens opposé, un nuage de poussière s'éleva aussitôt, enveloppant dans un tourbillon blanchâtre la voiture aux armes du comte d'Artois, sur le siège de laquelle Hoche venait de remonter.

VIII

LE CARRABAS

— Eh bien! Monsieur, êtes-vous remis de votre chute? demanda Michel au coiffeur de la reine, à côté duquel il se trouvait placé.

Léonard toisa son interlocuteur des pieds à la tête, et, reconnaissant en lui un enfant de la petite bourgeoisie, il répondit d'un ton de protection bienveillante :

— Complètement, mon jeune ami, complètement.

— Mais vous manquerez aujourd'hui votre service? fit observer Tallien.

— En aucune façon ; Sa Majesté m'attendra.

— Peste, dit Joachim en riant, vous faites attendre la reine, vous?

— J'en suis aujourd'hui au désespoir ; mais, que voulez-vous, il le faut bien, répondit Léonard en chiffonnant son jabot. Sa Majesté sera obligée de m'attendre.

— Et si Sa Majesté se faisait coiffer par un autre ? dit Michel.

— Sa Majesté se faire coiffer par un autre ! s'écria Léonard en bondissant sur sa banquette ; me faire un pareil affront ! Impossible, impossible ! Sachez, jeune homme, que ma main est la seule qui puisse toucher à la chevelure de la reine.

— De sorte que si vous aviez été tué tout à l'heure, comme cela eût bien pu vous arriver, la reine se serait passée de coiffeur pour le reste de ses jours.

— Je le crois ! répondit sans hésiter le Gascon.

Un éclat de rire général accueillit cette prétentieuse affirmation. Léonard devint cramoisi.

— Et qui donc pourrait me remplacer ? s'écria-t-il. Qui donc oserait se faire mon successeur ? N'est-ce pas moi seul qui ait inventé les coiffures à l'*oiseau royal*, au *hérisson*, au *chien couchant*, à l'*économie du siècle*, au *désir de plaire* ? Ne suis-je pas l'auteur des *poufs à la reine*, des *parterres galants*, des *calèches détroussées* ? La coiffure, avant moi, était un métier, j'en ai fait un art ! Si je venais à mourir, Messieurs, je suis convaincu que la reine porterait désormais des coiffes !

En attendant cette faconde gasconne, Marat haussa dédaigneusement les épaules, et Danton se mit à rire.

— Mais, monsieur Léonard, dit le dentiste Talma en se mêlant à la conversation, vous devez être horriblement occupé ?

— Horriblement est le mot propre, Monsieur. Je suis exténué, brisé, moulu, tué, répondit Léonard ; je n'ai pas un instant de loisir, pas un moment de repos !

— Les grandes dames vous tourmentent fort ?

— Oh ! fit le coiffeur de Marie-Antoinette avec une grimace de dédain, je laisse la cour à mes employés, je ne m'occupe, moi, que de Sa Majesté.

— Quoi ! vous ne coiffez que la reine ?

— A peu près. Je me consacre exclusivement à son service. Quelquefois, il est vrai, je pose quelques chiffons sur la tête de Madame ou sur celle de son Altesse Royale la comtesse d'Artois, mais point souvent. Quant aux duchesses, aux maréchales et aux princesses, je les abandonne à Frémont, mon premier. Les femmes sans tabourets et n'ayant pas les entrées, sont la part de Paul, mon second. Pour ce qui est des présidentes, des femmes de finance et autre menu fretin, je les envoie à Legros, dont la renommée a si fort pâli devant la mienne. Restent les espaliers de l'Opéra, les comédiennes du Théâtre-Français, c'est l'affaire de Léon, mon troisième. Parfois cependant, je l'avoue, je descends jusqu'à ces têtes, je prends les plus jolies, mais c'est lors que j'ai à essayer quelque nouvelle combinaison et que je veux composer sans fatiguer Sa Majesté.

— Superbe métier ! fit observer Marat avec un ricanement ironique.

— Et qui vous vaut plus d'une confidence attrayante, je gage ! ajouta Michel.

— Un coiffeur est un confesseur ! dit Léonard.

— Ce qui signifie que l'on n'a rien de secret pour lui.

— Je dois avouer que dans les circonstances difficiles, on a souvent recours à moi ! répondit le coiffeur avec une modestie affectée.

— Morbleu ! devez-vous en savoir de ces historiettes scandaleuses ! s'écria Tallien dont les yeux pétillaient.

— Mais... oui, j'en sais quelques-unes, fit Léonard dont le front rayonnait de se trouver ainsi le point de mire de l'attention de ses compagnons de route.

— Contez-nous une histoire ! demanda Michel d'un ton câlin.

— Oh ! oh ! jeune homme, vous n'y songez pas ! Et la discrétion ?

— Bah ! vous tairez les noms !

— Oh ! vous pouvez parler, fit observer Danton, vous ne risquez jamais de dépasser la vérité en inventant même un peu. D'ailleurs on ne craint pas le scandale à la cour.

— On le cherche ! ajouta Marat.

— Et on le trouve ! dit Fouché avec un pâle sourire.

— Dès lors, parlez, maître Léonard ! cria le petit abbé.

— Une histoire de bataille ! ajouta Augereau.

— Ce sera sans doute amusant ! dit Saint-Just.

Comme on le voit, quatre personnages étaient jusqu'alors demeurés étrangers à la conversation générale, dont le coiffeur de la reine faisait les frais. Le premier de ces quatre personnages, le compagnon du dentiste Talma, l'élève de l'Ecole militaire, gardait un silence absolu, paraissant se renfermer en lui-même et observer attentivement chacun de ceux avec lesquels il se trouvait.

Le vicomte de Renneville et le marquis d'Herbois, s'isolant également du reste des voyageurs, causaient à voix basse depuis le départ du carrabas et semblaient n'avoir pas entendu un mot de la conversation précédente.

Quant à l'ouvrier teinturier, celui que Hoche, le palefrenier du comte d'Artois, avait salué amicalement, il se tenait silencieux dans son coin, ouvrant les yeux et les oreilles, écoutant avec des regards ébahis tout ce qui se disait et paraissait fort intimidé de se trouver ainsi en contact avec des hommes dont l'un avait l'honneur de coiffer la reine de France, de la voir et de lui parler chaque jour et dont les autres étaient évidemment des gens d'une condition bien supérieure à la sienne.

— Une histoire ! une histoire ! répéta Léonard en se caressant le menton. Ma foi ! je ne sais trop quoi vous conter... Il faudrait que vous fussiez comme moi au courant des choses de la cour pour bien comprendre...

— Nous tâcherons de deviner, dit Danton en riant de l'outrecuidance du coiffeur.

— Mais je ne sais en vérité que vous dire. Il n'y a rien de bien nouveau depuis quelque temps, à moins que ce ne soit l'aventure dont M. Lenoir parlait hier à Sa Majesté.

— Quelle aventure ? demanda vivement Marat.

— Une affaire qui me paraît, ma foi ! des plus mystérieuses et des plus dramatiques.

— Et le lieutenant de police en faisait part à la reine ?

— Oui, hier matin même, tandis que je coiffais Sa Majesté.

— Eh bien ! contez-nous cela à votre tour, monsieur Léonard.

Le coiffeur s'installa mieux qu'il n'était encore sur la banquette, tira de la poche de sa veste de satin une magnifique tabatière en écaille incrustée d'or, et, après l'avoir ouverte, y plongea délicatement le pouce et l'index de sa main droite.

— Hier donc, Messieurs, commença-t-il en portant à ses narines la poudre odoriférante dont il éparpilla les deux tiers sur son jabot de dentelle, hier matin donc, mon service m'appelant comme de coutume auprès de Sa Majesté, je me rendis dans les petits appartements à l'heure ordinaire. Mais avant de continuer, ajouta Léonard en s'arrêtant et en faisant étinceler au soleil les feux d'un magnifique solitaire qui brillait au petit doigt de la main à l'aide de laquelle il secouait le tabac tombé sur son jabot, je dois vous mettre au courant de certaines particularités de mes relations avec Sa Majesté... Messieurs, je suis Gascon...

— Cela s'entend ! interrompit en riant Michel.

— Et je m'en flatte, ajouta Léonard. Or, tout Gascon est généralement conteur ; l'élocution disserte est une production aussi indigène aux rives de la Garonne que les pommes à cidre le sont à la terre de Normandie. C'est pour le Gascon un besoin impérieux que celui de faire dresser l'oreille à ses auditeurs au récit de ce qu'il débite. De là son penchant à broder les faits ou les assertions lorsque la vérité manque à sa faconde loquace. Chez lui le mensonge est rarement un travers du cœur : c'est une nécessité de la langue, ou, si l'on veut, une démangeaison de l'esprit.

— Ce qui signifie, cher monsieur Léonard, qu'il ne va pas falloir croire un mot de tout ce que vous allez nous conter ! dit Danton en souriant.

— Permettez ! répondit vivement le coiffeur, je ne veux pas dire cela ; je veux dire seulement que, comme la reine sait que je suis Gascon, que, comme tel, je ne parle pas mal, elle aime à tenir de ma bouche les nouvelles de la ville et de la cour, que du reste, j'ose l'affirmer, j'arrange avec assez d'adresse pour que les aspérités n'en soient pas trop rudes aux oreilles de Sa Majesté. Il y a certains jours surtout où la reine m'ordonne de prolonger singulièrement la durée ordinaire de sa coiffure. « Léonard, racontez-moi quelque chose, » me dit-elle. Je comprends aussitôt ce que cela signifie : c'est l'ordre de suspendre momentanément son accommodage ; c'est me dire que pendant une heure, quelquefois une heure et demie, je vais avoir, sans discontinuer, à passer doucement mon peigne dans les beaux cheveux de Sa Majesté en lui effleurant délicatement l'épiderme de la tête. Tout aussitôt une des jeunes et jolies femmes de chambre ordinaires est mandée dans le cabinet de toilette : elle s'asseoit sur un petit tabouret devant la reine, prend sur ses genoux les pieds de Sa Majesté, les déchausse et frictionne lentement ces jolis pieds qui font l'admiration de la cour, et cela tout aussi longtemps que je parle en peignant la chevelure de la reine.

— Quel singulier caprice ! dit Danton.

— Elle ne sait à quelle recherche se vouer ! grommela Marat.

— Et pourquoi la reine se fait-elle ainsi peigner et frictionner à plaisir ? demanda Tallien.

— C'est, répondit Léonard, une recette que le célèbre Cagliostro a donnée à la reine pour combattre les migraines opiniâtres qui la font souvent souffrir. Sa Majesté a des cheveux de toute beauté, personne ne l'ignore. Ce don précieux de la nature la fatigue cependant beaucoup. Le sang se porte facilement à la tête, et les frictions sont un heureux dérivatif.

Marat se prit à ricaner.

— Niaiserie ! murmura-t-il.

— Toujours est-il, continua le coiffeur, que lorsque la reine a été obligée la veille de supporter durant toute une soirée le poids d'une coiffure habillée, elle se délasse le lendemain, ainsi que je viens de vous le dire, et ce traitement singulier, bizarre, ne lui en fait pas moins un bien évident, incontestable. Donc, hier matin, voyant Sa Majesté disposée à faire usage de ce qu'elle nomme son antidote contre ses migraines, je déroulai les flots châtains de sa belle chevelure. La femme de chambre de service était à son poste accoutumé, et, tout en maniant légèrement mon peigne je m'apprêtais à raconter une anecdote dont mon imagination allait probablement faire tous les frais, lorsque M. Lenoir se fit annoncer.

— Qu'il entre ! dit vivement la reine en frappant ses petites mains l'une contre l'autre.

Puis, se tournant à demi vers moi :

— Léonard, ajouta-t-elle, je garderai votre histoire pour demain ; c'est une provision pour l'avenir, M. Lenoir va se charger de fournir le présent.

Le lieutenant de police fut aussitôt introduit.

— Avez-vous quelque chose à me raconter? demanda la reine avec une curiosité d'enfant gâté.

— Oui, Madame, répondit M. Lenoir.

— Quelque chose de gai?

— Pas précisément.

— De dramatique alors?

— Tout ce qu'il a de plus dramatique, de plus émouvant et de plus mystérieux. C'est le commencement d'une histoire dont l'autorité n'a pas encore su faire l'épilogue, mais que, Dieu aidant, elle terminera bientôt, je l'espère.

— Sera-ce long?

— Assez long, Madame.

— Alors prenez un tabouret, monsieur Lenoir, et mettez-moi vite au courant des premiers actes de votre drame.

— Un tabouret! balbutia M. Lenoir, stupéfait et honteux de l'excès d'honneur qui lui était accordé.

— Oui! oui! dit la reine ; asseyez-vous, je le veux ! Vous savez bien que je suis mortellement brouillée avec Sa Souveraineté l'Étiquette ; ainsi...

Le lieutenant de police prit le siège que lui présentait une femme de chambre.

— J'écoute, dit la reine.

— Il y a deux mois à peine, commença le lieutenant de police, un ancien conseiller au parlement de Paris, dont jusqu'ici je dois taire le nom, à moins que Votre Majesté ne m'ordonne de le lui dire, ce que je ne pourrais faire qu'à elle seule.

— Appelez-le simplement M. le conseiller, interrompit la reine en se renversant sur son siège pour se mettre mieux à même de m'abandonner sa tête.

— Un conseiller donc, poursuivit M. Lenoir, vint en grand mystère me trouver à mon lever. Il avait, disait-il, à me communiquer les choses les plus graves et les plus urgentes.

Je m'empressai de le recevoir dans mon cabinet. Notre conversation fut longue, animée, et, après avoir pris bon nombre de notes, je reconduisis le conseiller jusqu'à sa voiture, ainsi que l'exige l'étiquette.

Avant de vous faire part du sujet de notre entretien, il est indispensable, Madame, que je fasse connaître à Votre Majesté le conseiller et sa famille.

Le conseiller est un homme d'environ soixante-cinq ans, type de vertu, de probité et d'honneur. Incorruptible dans ses fonctions, il a une énorme influence à la *grand'chambre*, où d'ordinaire l'on suit strictement ses avis. Veuf depuis nombre d'années, il lui est resté de son mariage quatre enfants, trois garçons et une fille. L'aîné des garçons, entré dans les ordres, devint évêque et occupa bientôt l'un des principaux sièges du royaume. Les deux autres sont mariés, ainsi que leur sœur. Le conseiller vit en famille, au milieu de ses enfants et de ses petits-enfants. En outre, il a près de lui une de ses sœurs, riche veuve d'un président à mortier, sans enfant.

Tout ce monde avait pris l'habitude de vivre ensemble dans le vaste hôtel du conseiller, ses deux fils mariés ayant près d'eux leurs femmes et sa fille son mari.

Une aimable et vivace progéniture avait résulté des deux premiers mariages. Les deux fils mariés avaient chacun un enfant mâle ; leur sœur n'avait pas encore aucun enfant. En outre d'un garçon, le premier des deux fils avait également une fille.

Quoique logés sous le même toit, les divers couples ne mangeaient pas tous à la même table. Le gendre avait sa cuisine à part ; mais le dimanche de chaque semaine, et à d'autres époques encore dans le mois, tous se réunissaient, sans mélange d'étrangers, autour du père.

— Parfaitement exposé, dit Fouché ; c'est d'une clarté merveilleuse !

— Monsieur possède surtout une expression de geste réellement remarquable, ajouta Talma.

— Après ! après ! demanda Michel avec une insistance décelant son attention profonde au récit du coiffeur.

Ce récit, au reste, paraissait intéresser tous les voyageurs du carrabas. L'ami du dentiste, l'élève de l'Ecole militaire, attachait sur le narrateur ses regards étincelants. Marat, enfoncé dans son coin, la bouche dédaigneuse et le haut du visage à demi caché sous les bords de son chapeau, promenait son œil verdâtre sur ses compagnons de route. Jean, l'ouvrier teinturier, s'était curieusement rapproché en glissant sur la banquette qu'il occupait seul.

Quant au marquis et au vicomte, leur contenance, jusque-là indifférente et froide, avait subi brusquement un rapide changement. Depuis le départ du carrabas jusqu'au moment où le coiffeur avait commencé son récit, M. de Renneville et M. d'Herbois, s'isolant de leurs compagnons ainsi que nous l'avons dit, avaient causé intimement et à voix basse, sans paraître apporter la moindre attention à ce qui se disait autour d'eux. Mais au moment où Léonard vint à parler du conseiller au parlement de Paris, et à faire l'énumération de sa nombreuse famille, le vicomte avait tressailli si brusquement et si violemment, qu'on eût dit qu'il allait se lever tout droit de dessus la banquette et le marquis était devenu soudain d'une pâleur extrême.

L'attention des voyageurs, concentrée sur Léonard, ne leur avait pas permis de constater ces doubles signes d'une émotion évidente. Le marquis d'Herbois avait saisi la main du vicomte et l'avait fortement pressée dans la sienne. Tous deux avaient échangé un long regard empreint d'étonnement et de douleur, et tous deux, demeurant immobiles, avaient joint leur attention à celle de leurs compagnons de route. Léonard continuait alors son récit.

Lui non plus, tout entier qu'il était au feu de son discours, n'avait pu remarquer le tressaillement de l'un des gentilshommes et la pâleur qui avait envahi le visage de l'autre.

En ce moment le carrabas, quittant le cours la Reine, longeait le quai de la Seine, passant à la hauteur de la pompe à feu de Chaillot, laquelle, installée nouvellement et fonctionnant en dépit de sa mauvaise construction, était l'une des merveilles de la capitale que les Parisiens de cette époque aimaient le plus à aller contempler.

Suivant l'habitude prise et religieusement observée par ses confrères, le cocher du carrabas voulut faire station devant le monument pour laisser à ceux qu'il conduisait le loisir de l'admirer à l'aise, mais un hourra unanime des voyageurs s'éleva contre l'usage établi, et l'automédon remit tant bien que mal son attelage au petit trot.

La voiture s'engagea alors sur la rude montée de la colline dite des *Bonhommes*, longeant les murs élevés du couvent du même nom, qu'Anne de Bretagne avait concédé, en 1496, aux Minimes de Chaillot, et que la révolution allait raser quelques années plus tard.

IX

LE RAPPORT DU LIEUTENANT DE POLICE

— Un matin, reprit Léonard, dès que la voiture se fut remise en route, le conseiller, en entrant dans son cabinet, jeta les yeux sur une lettre posée toute cachetée sur son bureau.

Il la prit, l'ouvrit et la lut avec un étonnement croissant. Voici ce qu'elle contenait :

« Tremble, malheureux ! tu m'as ruiné en rangeant à ton avis tes confrères. Dès ce moment c'est une guerre à mort que je te déclare ! Toi et les tiens vous périrez successivement, car ma haine est si forte que ta perte seule ne me suffirait pas.

» Je ne signerai point. Cherche mon nom parmi tes nombreuses victimes ; il te sera difficile de l'y apercevoir. »

Le conseiller méprisa cette épître, qu'il prit à bon droit pour l'œuvre de quelque plaideur irrité de la perte de son procès, et ne crut devoir attacher aucune importance aux menaces qu'elle contenait.

Cependant, désireux de connaître comment était arrivée dans son cabinet cette lettre anonyme, il appela ses gens et s'enquit de la façon dont elle avait été apportée.

Nul ne put répondre. Tous, interrogés successivement, déclarèrent qu'ils n'avaient vu personne, que ce n'était à aucun d'eux que l'épître avait été remise, et qu'ils ne pouvaient fournir le moindre renseignement à ce sujet.

Cette réponse unanime étonna et effraya le conseiller. Une lettre ne pouvant venir seule et d'elle-même se placer sur le bureau de son cabinet, il était évident qu'elle y avait été apportée par quelqu'un. Donc le menaçant écrivain devait avoir un complice parmi les gens du conseiller.

Mais quel était ce complice ? Comment le découvrir ? Le magistrat avait à son service des domestiques vieillis dans la maison, s'y succédant de père en fils, de mère en fille, et en lesquels il avait cru, jusqu'à ce moment, pouvoir avoir une confiance absolue.

Douter de ceux qui l'entouraient était déjà une douleur faite à l'âme du conseiller par l'auteur anonyme du mystérieux billet.

Cependant le conseiller parvint à chasser jusqu'au souvenir de cet événement. La tranquillité la plus parfaite régnait dans son intérieur ; ses parents et ses enfants vivaient dans la plus douce quiétude, aucune des menaces faites ne semblait en voie de réalisation. Le conseiller crut à une mystification, ou du moins il pensa que si l'avis d'un ennemi avait été donné sérieusement, l'auteur avait reculé devant la noirceur du forfait.

Tout allait donc au mieux dans la famille du conseiller, lorsqu'un dimanche, pendant les heures de l'office, un pauvre petit aide de cuisine ayant voulu, peu avant le dîner qui se préparait, se restaurer aux dépens de la marmite, avait, en l'absence du chef, puisé une tasse de bouillon ; mais à peine avait-il avalé quelques gorgées du liquide brûlant, qu'il ressentit des étreintes douloureuses à l'épigastre, presque aussitôt suivies d'effroyables tiraillements dans les intestins.

Le malheureux enfant criant, hurlant, se lamentant, se roulait sur le carreau de la cuisine au milieu des valets accourus en toute hâte.

Le conseiller et sa famille rentraient alors dans l'hôtel. Tous s'empressèrent auprès du malade ; un médecin requis avec rapidité lui prodigua les secours les plus efficaces après avoir reconnu la présence dans les entrailles de l'aide de cuisine d'un corps mortellement venimeux.

Le pauvre petit interrogé avoua son larcin, déclarant n'avoir rien pris autre depuis son lever que la tasse de bouillon puisée dans la marmite.

Le conseiller fit enlever la marmite, la fit transporter dans son cabinet et envoya quérir sur l'heure un habile chimiste de ses amis. Celui-ci voulut être assisté par l'un de ses confrères et par le médecin qui avait soigné l'aide de cuisine.

Tous trois analysèrent alors le contenu de la marmite, et déclarèrent sans la moindre restriction, sans le moindre doute, que le bouillon qu'elle renfermait et qui devait fournir le potage du dîner de la famille, contenait un poison des plus actifs.

Le chef de cuisine, appelé devant le conseiller, déclara s'être absenté quelques minutes tandis que ses maîtres étaient à l'église, s'en reposant sur le marmiton pour veiller au dîner qui se préparait.

Le marmiton, celui-là même qui avait été empoisonné, dit qu'un peu avant le moment où il avait eu faim et où il avait puisé dans la marmite, il avait quitté la cuisine pour aller sur le pas de la grande porte voir défiler un régiment de gardes françaises qui passait dans la rue.

Les autres domestiques assistaient à cette heure à l'office divin avec leurs maîtres. Il avait donc fallu choisir l'instant précis où la cuisine s'était trouvée déserte, pour verser dans le vase le poison dont la présence était incontestable.

Mais qui avait pu se livrer à cet atroce attentat ? Pour l'accomplir, on devait avoir veillé dans l'intérieur de la maison, et le suisse n'avait vu passer personne.

Le conseiller, ému par cette tentative abominable, se rappela les termes menaçants de la lettre anonyme. Persuadé qu'il avait affaire à un ennemi acharné et capable de tout, il résolut de prendre, à l'égard de sa sûreté et de celle des siens, les précautions les plus sévères.

Faisant venir tous ses gens en présence de sa famille assemblée, il leur parla de la lettre qu'il avait reçue et des menaces qu'elle contenait ; il ajouta qu'un autre à sa place les chasserait tous après l'horrible événement qui avait failli plonger toute sa maison dans un effroyable deuil, mais que lui, au contraire, les conservait à son service, comptant sur leur amour, leur fidélité, et assuré qu'il était de leur entière innocence.

Seulement, en leur révélant qu'un ennemi secret, formidable, avait juré sa perte et celle de sa famille, il les conjura de redoubler de zèle, de veiller attentivement et de ne se laisser aller à aucune pensée mauvaise dans le cas où cet ennemi inconnu tenterait de corrompre et de gagner quelques-uns d'entre eux.

Frappés, comme s'ils l'eussent été d'un coup de tonnerre, par cette révélation subite et inattendue, l'intendant, le maître d'hôtel, le sommelier, le cuisinier, le suisse-portier, les valets de chambre, les cochers, les porteurs, les femmes de chambre, les femmes de charge, tous les gens enfin du conseiller se récrièrent avec force, tombèrent à ses pieds, lui jurèrent une fidélité à toute épreuve, sanglotant, pleurant et maudissant de tout leur cœur le misérable lâche qui menaçait leur bon maître et compromettait leur honneur à eux.

Habile à juger les hommes, le conseiller comprit vite qu'il n'avait autour de lui que des innocents du crime qu'il leur avait, dans sa pensée, un moment imputé.

Une semaine s'écoula : l'aide de cuisine, grâce à la vigueur de son tempérament, à sa jeunesse, revint à la vie, mais des douleurs épouvantables lui étaient restées à la suite de l'absorption du poison.

Dans l'hôtel du conseiller, la surveillance était incessante et minutieuse. Tous les domestiques veillaient avec un zèle admirable.

Les cuisines surtout étaient transformées en une manière de forteresse dont on n'approchait que très-difficilement.

Ne voulant pas ébruiter cette odieuse affaire avant d'avoir surpris le coupable auteur de cette tentative criminelle, le conseiller avait ordonné à ses gens le silence le plus absolu à cet égard, de sorte que personne au dehors ne se doutait du danger couru par le magistrat et par sa famille.

Trois semaines se passèrent ainsi. Un soir, le premier fils marié et sa femme, revenant à l'hôtel après avoir passé quelques heures chez un ami, se plaignirent de la soif et demandèrent un rafraîchissement.

On leur monta une carafe d'eau de groseille. Leurs deux enfants n'étaient point encore couchés ; tous quatre burent abondamment de la boisson préparée.

Deux heures après, des symptômes d'empoisonnement se manifestaient chez les deux enfants. On réveilla les parents, les domestiques, et l'on courut chercher un médecin.

Avant que celui-ci n'arrivât, le père et la mère subissaient à leur tour des crises affreuses.

Tous les secours furent inutiles ; tous quatre succombèrent avant la fin de la nuit... Un incident naturel vint rendre encore plus émouvante cette scène horrible.

La jeune femme agonisante était dans son neuvième

mois de grossesse ; les tortures du venin précipitèrent sa délivrance, et, en expirant, elle donna le jour à un enfant mâle et que les médecins assistants déclarèrent viable, malgré la terrible catastrophe qui avait avancé sa venue au jour.

— C'est affreux, dit Michel en frissonnant.

— Cette scène, en effet, devait être épouvantable ! ajouta Talma.

Le vicomte et le marquis ne prononcèrent pas une parole ; seulement M. d'Herbois, de pâle qu'il était, était devenu livide, et M. de Renneville, les sourcils contractés et les mains frémissantes, paraissait être métamorphosé en statue.

— Ensuite ? ensuite ? demanda Tallien.

Léonard reprit après un moment de silence :

— Le coup affreux qui frappait si rudement le malheureux conseiller, ne lui laissa pas la pensée de songer au pauvre nouveau-né, entré dans ce monde sous de si pénibles auspices.

Alors la femme du second fils, dont ce malheur développa le beau caractère, prit entre ses bras son neveu infortuné, le baisa avec une tendresse où dominait le sentiment de l'amour maternel, et jura que désormais le pauvre orphelin vivrait avec son fils, à elle, dont il devenait à cet instant non pas le cousin, mais bien le frère.

— Excellente femme ! s'écria Michel avec attendrissement.

— Moi, ça me fait pleurer ! murmura Jean en portant ses doigts à ses yeux.

— Ce fut à la suite de ce crime effrayant, continua Léonard heureux de l'attention qu'il provoquait, que le conseiller se décida à aller trouver M. le lieutenant de police. M. Lenoir l'interrogea sur tous les antécédents de sa vie, sur ses liaisons, ses affaires, les plaideurs qui avaient dû être molestés par ses jugements, sur les familles des criminels condamnés par la Tournelle et au jugement desquels il avait participé.

— Il est de fait, dit Danton en coupant la parole au coiffeur de la reine, que la sévérité des lois, en sacrifiant les intérêts de chacun à des théories de justice dans l'intérêt de tous, ne manque jamais d'exciter des ressentiments qui, tôt ou tard, se manifestent. Un magistrat, quelque intègre qu'il puisse être, esclave de la loi qui n'a pas de miséricorde, paye alors pour les violences d'une législation qu'il n'est pas libre d'abolir.

— Cela est vrai, ajouta Marat ; mais en bonne justice comme en bonne politique, il n'y a pas de terme moyen.

— Et que fit le conseiller? demanda Tallien en s'adressant à Léonard.

— Il se prêta aux questions de M. Lenoir avec la chaleur d'un homme qui ne veut rien avoir à se reprocher, répondit le narrateur en reprenant son récit. Sa conscience était si pure, ses rapports avaient été toujours si conformes aux règles de l'équité, qu'il ne se voyait aucun ennemi.

Le lieutenant de police l'engagea à surveiller lui-même tous ses gens, à redoubler de vigilance, lui promettant de tout mettre en œuvre de son côté pour éviter de nouveaux malheurs et arriver à la découverte du coupable.

Le conseiller et M. Lenoir convinrent que cette fois encore il était utile d'étouffer l'affaire ; qu'il fallait présenter comme suite d'un accident naturel la mort des victimes, parce qu'en agissant ainsi on donnerait toute sécurité à l'assassin, lequel, ne croyant pas le crime soupçonné, commettrait sans doute quelque imprudence aidant à le faire connaître.

Le vicomte et le marquis se regardèrent.

— Tu l'entends ? dit le second à l'oreille du premier et en se penchant par-dessus l'épaule de son compagnon vers la portière ouverte comme pour respirer l'air extérieur.

— C'est Dieu qui nous a fait rencontrer avec cet homme, dit le vicomte à voix extrêmement basse.

— Le conseiller revint à son hôtel, continua Léonard, sans parler à qui que ce fût de sa visite au lieutenant de police. Il n'avait pas pris sa voiture pour aller chez M. Lenoir, il s'y était rendu à pied.

Trois jours après la catastrophe qui avait si violemment privé le malheureux magistrat de quatre des membres de sa famille, son second fils marié était, durant les heures de l'après-midi, à la fenêtre de sa chambre, fenêtre donnant sur la rue où est situé l'hôtel.

Il songeait peut-être aux malheurs qui menaçaient encore sa famille, lorsqu'un paysan vint à passer criant des pêches nouvelles qu'il traînait dans une petite charrette.

L'envie de manger quelques-uns de ces beaux fruits lui vient tout à coup. Il appelle le paysan, celui-ci lève sa tête que couvre au trois quarts une forêt de cheveux roux.

Le fils du conseiller, ne voulant pas perdre de vue les fruits qu'il convoite, descend à l'aide d'une corde le panier à ouvrage de sa femme posé sur l'appui de la fenêtre. Le paysan emplit le panier de ses pêches les plus vermeilles, l'acheteur hisse panier et fruits, et jette un demi-écu au fruitier, qui s'en va content.

Tout joyeux de son acquisition, le fils du conseiller court à la chambre de sa femme afin de lui offrir l'un des beaux fruits. Il apprend que celle-ci est à vêpres. Il descend chez son père, le conseiller est également sorti.

La terreur faisait que l'on mangeait peu dans la maison, et la vue de ce mets appétissant excitant encore les désirs non satisfaits de son estomac, le jeune mari, sans plus attendre son père ni sa femme, mord à belles dents dans les fruits veloutés et en savoure le goût parfumé.

Une heure après, le conseiller en rentrant trouve sa bru revenant de l'église; tous deux pénètrent dans l'hôtel. Le père veut reconduire la jeune femme jusque dans ses appartements.

Il s'était épris pour elle d'une tendresse toute nouvelle depuis la nuit fatale où elle avait juré de servir de mère au malheureux orphelin, lequel était soigné aussi bien que son propre fils.

Ils montent l'escalier conduisant au second étage,

ils pénètrent dans la chambre... un spectacle horrible s'offre aussitôt à eux.

Le mari de la jeune femme, celui qui venait d'acheter les pêches, avait cessé d'exister.

Cette fois, la terreur ne connaît plus de bornes, les valets stupéfiés veulent fuir cette maison maudite, le gendre déclare qu'il veut voyager pendant quelque temps avec sa femme.

Cette fois encore, la pauvre veuve relève le courage de tous. Elle déclare, tout en versant des larmes abondantes, que jamais, dût-elle partager bientôt le sort qui semble réservé à tous les siens, elle n'abandonnera le grand-père de ses enfants.

Chacun, ranimé par l'exemple, promet de montrer la même énergie, et, abandonnant les projets de départ maîtres et domestiques se résignent à demeurer dans cette maison souillée par le crime.

Le trépas de la nouvelle victime est mis sur le compte d'une apoplexie foudroyante et le monde ignore encore cette suite abominable de forfaits.

La semaine suivante, le fils aîné du conseiller, l'évêque, arrive auprès de son père. Il amène avec lui deux jeunes filles, deux anges de beauté et leur mère, femme austère et pieuse, propre belle-sœur du magistrat, que la mort de son mari a plongé dans une misère profonde et que le prélat a pris sous sa protection.

Ces deux jeunes filles sont fiancées à deux gentilshommes servant dans les armées du roi, et l'évêque les amène dans la capitale ainsi que leur mère afin de procéder aux formalités du mariage, car le conseiller étant le chef de la famille, rien ne peut se passer sans lui, il faut son consentement à l'union. »

Léonard s'arrêta un moment pour reprendre haleine. Ses auditeurs l'avaient écouté avec un recueillement profond, mais aucun d'eux ne se montrait aussi anxieusement intéressé à l'histoire qu'il débitait que MM. d'Herbois et de Renneville.

A mesure que le coiffeur avançait dans son récit, l'agitation la plus vive se reflétait sur leurs traits en signes non équivoques.

Tous deux se tenaient la main et leurs doigts crispés s'étreignaient mutuellement avec une violence dont ni l'un ni l'autre ne paraissait avoir conscience.

Suspendus, pour ainsi dire, aux lèvres du narrateur, ils suivaient chaque phase de l'histoire racontée avec une émotion si violente, si manifeste, que leurs compagnons de route l'eussent sans aucun doute remarqué si leur attention à eux-mêmes n'eût été entièrement absorbée par l'étrange et mystérieuse série d'événements que Léonard empruntait au rapport fait la veille à la reine par le lieutenant de police.

X

LA ROUTE DE SÈVRES

— Continuez, de grâce, monsieur Léonard, s'écria Michel, incapable de résister à la curiosité qui le poussait.

— Comme la cour et la ville, l'évêque connaissait les malheurs de sa famille tout en en ignorant la cause, continua Léonard. Le secret avait été bien gardé. Sur la recommandation sévère du conseiller, ses parents n'avaient rien dit, espérant ainsi surprendre plus promptement le coupable ; et les domestiques, par terreur pour eux-mêmes, avaient conservé le plus religieux silence sur les attentats commis.

A la révélation de ces crimes successifs, l'évêque parut frappé de stupeur ; il voulut éloigner en toute hâte celles qu'il avait amenées; mais la mère des deux jeunes filles, mise au courant de la terrible situation, déclara que quitter la maison du conseiller, serait éveiller subitement le scandale de sang que l'on tenait si fort à laisser dans l'ombre par respect même pour la famille.

Donc l'évêque et ses compagnons demeurèrent à l'hôtel, sous le même toit peut-être que l'infâme assassin, et exposés aux mêmes dangers que les autres membres de la famille du conseiller.

Il fut résolu que, pour plus de sûreté et pour empêcher que cette ténébreuse affaire ne s'ébruitât, les deux jeunes gentilshommes fiancés aux deux jeunes filles ne seraient point reçus à l'hôtel, et que la porte leur en serait impitoyablement refusée.

Les deux mariages arrêtés, dussent-ils se rompre (telles furent les propres paroles de la belle-sœur du magistrat), l'honneur de la famille demeurerait sauf; car, dans une confidence émouvante faite par le conseiller à l'évêque et à la veuve de son frère, le malheureux magistrat leur avait avoué qu'il en était à se demander si ce n'était pas parmi les siens peut-être qu'il devait chercher le coupable.

On comprend ce que, pour une famille honorable et de vieille noblesse, ce soupçon pouvait avoir d'accablant : « Et, avait ajouté le conseiller, périssent tous les miens et s'anéantisse à jamais le bonheur de chacun, plutôt que ne se ternisse l'honneur de mes pères ! S'il y a un coupable ici nous le punirons seuls, mais personne au monde ne devra deviner son crime. Mes ancêtres m'ont légué un nom sans tache, il ne sera jamais souillé publiquement moi vivant. » Quoique les mariages projetés et presque arrêtés fussent fortement, dit-on, du goût des deux jeunes filles, la belle-sœur du conseiller n'avait point hésité à partager l'opinion du magistrat, et les deux fiancés avaient été consignés soigneusement à la porte. Ceci se passait il y a peu de jours, ajouta Léonard.

Le vicomte et le marquis échangèrent un nouveau regard.

— Le lendemain de l'arrivée de l'évêque, reprit le coiffeur, un domestique, favori du second des fils mariés, de celui qui avait été empoisonné avec les pêches achetées au paysan que la police n'a encore pu arrêter, vient trouver le conseiller. Celui-ci était seul dans sa chambre et encore au lit. Le valet se précipite à genoux au chevet de son maître, le conjure d'entendre le récit qu'il va faire, et en même temps de ne pas opposer un refus à ce qu'il va demander.

— Monsieur, dit-il d'une voix tremblante, j'ai une révélation à vous faire. La veille du jour où mourut mon pauvre maître, et vers les deux heures du matin, je me sentis fortement secoué dans mon lit et réveillé en sursaut. J'ouvris les yeux, et quelle fut mon épouvante lorsque je vis devant moi votre autre fils mort dans mes bras quelques semaines auparavant. Il était pâle comme le linceul qui le couvrait. Il me fit signe de ne pas avoir peur, puis il me dit d'une voix sourde qu'il m'avait choisi pour sauver son fils, le malheureux orphelin auquel, en mourant, sa mère avait donné le jour. « Demande à mon père, ajouta-t-il, l'autorisation d'emmener au loin cet enfant. Que mon père, mon père seul sache où tu l'auras conduit. Sans cela il mourra comme va mourir mon pauvre frère, ton maître ! » Ces mots achevés la vision disparut. Je m'évanouis et ne revins à la vie qu'après le soleil levé. Je n'ai pas osé vous faire cette révélation, ainsi qu'à mon cher maître, bien convaincu que vous la regarderiez tous deux comme une chimère ; je me tus donc. Le lendemain mon maître, votre second fils, mourait à son tour. La frayeur me prit ; j'eus des remords, et pourtant je me tus encore. Je n'aurais même, je crois, jamais parlé, lorsque hier, étant, à l'entrée de la nuit, seul dans le commun et assis sur un fauteuil devant un grand feu allumé pour faire sécher la lessive, je vis tout à coup un fantôme m'apparaître derrière la flamme. Cette fois c'était mon maître, mon bon maître en personne. Il s'approcha de moi en marchant sur les tisons ardents... J'étais cloué sur mon siège, mes dents claquaient, je n'osais remuer... Il me frôla en passant, se pencha vers mon oreille, et, de si près que son haleine fétide et glacée me frappa d'une terreur nouvelle.

— Saint-Jean, me dit-il, tu ne m'as donc pas aimé ?

— Oh ! que si, maître, repartis-je ; et beaucoup et même encore !

— Alors, pourquoi ne veux-tu pas donner à mon frère et à moi la consolation de voir son fils et mon neveu échapper à la mort ?... Prends garde ! si tu n'exécutes pas nos volontés, un nouveau malheur va frapper la famille, et ce malheur ce sera sur toi qu'en retombera la faute...

Quelqu'un est entré ; je n'ai rien entendu partir ; mais la voix s'est tue. Alors j'ai ouvert les yeux que la peur m'avait fait tenir fermés pour ne pas voir le fantôme. C'était le cuisinier qui arrivait.

— Tiens ! m'a-t-il dit, je ne vous croyais pas seul, Saint-Jean ? C'est drôle, j'ai entendu quelqu'un parler.

— C'est moi qui ai cette mauvaise habitude, ai-je répondu afin de ne rien laisser soupçonner de ce qui m'était arrivé.

J'aurais dû peut-être, Monsieur, continua le valet, venir vous trouver immédiatement, mais la honte m'a retenu. Cependant la frayeur de voir apparaître encore un fantôme m'obsède au point que je n'y puis résister, et je viens vous supplier de faire ce que mon maître et son frère demandent.

Le conseiller avait écouté gravement l'étrange récit du domestique. Celui-ci lui demanda alors la permission de faire constater par un signe ou par plusieurs, l'identité de l'enfant, puis d'enlever celui-ci, l'emmener au fond de l'Italie ou de l'Allemagne, et là d'attendre avec lui de meilleurs temps.

Le magistrat, malgré la chaleur que Saint-Jean mettait à ses supplications, ne put prendre sur lui de lui accorder ce qu'il demandait.

Il résista et remit à quelques jours la réponse définitive.

Le conseiller est un homme d'esprit et de sens, peu crédule surtout, ayant de la peine à croire que le ciel se servît d'un valet pour intermédiaire, quand l'avertissement direct ne présentait pas plus d'inconvénient aux puissances surnaturelles, et eut mieux répondu à leur but.

Saint-Jean d'ailleurs, n'ayant parlé qu'après coup, ne cherchait-il pas à s'acquérir une importance par une voie qui le rendrait homme prépondérant dans la maison ?

Enfin, pourquoi le second fils s'occupait-il de l'enfant de son frère et non de son enfant à lui, qui devait courir les mêmes dangers ?

Que tout cela signifiait-il ?

Le conseiller, après mûres réflexions, conclut que Saint-Jean, dont il connaissait la fidélité à toute épreuve, avait été frappé d'un vertige très naturel après tant de malheurs, et qu'il avait été deux fois le jouet d'un songe.

Ce fut là également l'opinion de l'évêque.

Cependant le prélat, le soir venu, se met au lit avec un peu de fièvre. Il croit à un rhume, il demande de la tisane.

Sa tante, la sœur du conseiller, et sa propre sœur à lui, la confectionnent elles-mêmes dans sa chambre. La tisane faite, il faut du sucre. On sonne, et une femme de chambre apporte un sucrier de porcelaine de Saxe.

La boisson est avalée. L'évêque y revient plusieurs fois et s'endort.

Vers le milieu de la nuit, il est éveillé par des douleurs atroces. Des symptômes d'empoisonnement se révèlent. Encore cette fois les secours arrivent trop tard ; mais cependant la rapidité du venin est moindre, et l'évêque a le temps, avant de mourir, de laisser au fils de la veuve courageuse, tous ses biens en substitution, dans le cas où l'orphelin né du premier fils viendrait à mourir avant celui-là, ces deux enfants étant les seuls du nom aptes à perpétuer la souche.

— Après? demanda Augereau en voyant Léonard s'arrêter.

— Après? dit également Tallien.

— Messieurs, répondit Léonard, l'évêque est mort avant-hier, et M. Lenoir n'en savait pas davantage.

— Quoi! s'écria Danton, la police n'a rien appris?

— Rien absolument.

— Et que dit M. Lenoir.

— Il jure qu'il arrivera à la découverte du coupable.

— Oui, ajouta Marat, quand toutes les victimes seront frappées!

— Et qu'a dit la reine? demanda Fouché.

— Sa Majesté s'est montrée bien vivement intéressée par ce récit, et elle a chargé M. Lenoir de la tenir au courant des moindres circonstances se rattachant à cette lugubre histoire.

— Bonne princesse! murmura Marat, elle ne s'occupe de ses sujets que par curiosité.

En ce moment la voiture s'arrêta, et le cocher descendant de son siège, vint ouvrir la portière.

— Messieurs! dit-il de sa voix enrouée, c'est la montée de Sèvres. Si vous voulez marcher un peu...

Les voyageurs descendirent.

Talma et son compagnon, l'élève de l'École militaire, lequel n'avait point encore prononcé une parole, suivirent le mur du parc de Saint-Cloud, nouvellement acquis par Marie-Antoinette.

Danton, Fouché, Saint-Just, Léonard, Michel, Tallien, Joachim, Augereau et Marat marchèrent sur la chaussée, suivis de près par Jean, lequel semblait vouloir ne pas perdre un seul mot de leur conversation.

Le vicomte et le marquis se tenaient à l'écart.

— Ainsi, dit Danton après un moment de silence et en dardant sur le coiffeur de la reine son regard incisif, ainsi, monsieur Léonard, vous ignorez le nom du conseiller dont vous venez de nous raconter la lamentable histoire?

— Je l'ignore absolument, répondit le coiffeur.

— Cependant, fit observer Fouché, ce nom doit être facile à connaître. On sait tous ceux des conseillers au parlement, le nombre est assez restreint, et cette quantité de deuils successifs, qui désolent la maison de celui dont vous parlez, peut le désigner sans qu'il soit besoin de longues recherches. Qu'en pensez-vous, Danton? En votre qualité d'avocat, vous devez savoir quelque chose?

— Il y a longtemps que je n'ai mis les pieds au palais, répondit Danton, et je ne suis pas au courant de ce qui s'y passe en ce moment. D'ailleurs, ainsi que l'a dit M. Léonard, on s'est efforcé de dissimuler cette série épouvantable de crimes; mais votre observation est juste, Fouché, et je ne doute pas, qu'en interrogeant, nous n'arrivions rapidement à connaître le nom du conseiller.

— Et, fit Marat en s'avançant un peu, on doit savoir quel siège occupait l'évêque?

— M. Lenoir ne l'a pas dit devant moi, répondit Léonard.

— Il n'a pas nommé non plus les deux gentilshommes fiancés aux deux nièces ?

— Non ; seulement, il a dit en parlant de ces deux jeunes gens, officiers tous deux, que les renseignements obtenus sur eux n'étaient pas des plus satisfaisants.

— Bah ! qu'est-ce qu'ils ont donc fait ?

— Des dettes énormes, paraîtrait-il.

Marat se mit à rire.

— Ils ne se croiraient pas de noblesse s'ils payaient leurs créanciers ! dit-il avec un mauvais regard.

— Sont-ce des hommes tarés ? demanda Danton.

— Pas précisément peut-être ; mais, continua le coiffeur en baissant la voix, M. le lieutenant de police semblait avoir d'eux la plus fâcheuse opinion.

— Si les nièces héritaient de leur oncle, fit observer Fouché, on n'aurait peut-être pas loin à chercher pour trouver la trace des coupables.

— Dame ! si tous les enfants mouraient, et ils sont en bon chemin pour cela, dit Marat, les nièces hériteraient.

— Oh ! fit Léonard, des gentilshommes !

Marat haussa les épaules.

— Raison de plus ! fit-il de sa voix sifflante. Pour trouver les vices et les crimes, il faut chercher en haut de l'échelle sociale par le temps qui court.

— Oui, dit Fouché, et pour rétablir les choses comme elles devraient être, il faudrait retourner l'échelle.

— La briser ! ajouta violemment Marat. Plus de degrés inférieurs ni de degrés supérieurs : un seul échelon suffit.

— L'égalité ! dit Danton.

Tandis que la conversation continuait entre les différents personnages formant un même groupe sur la montée de Sèvres, le marquis et le vicomte marchaient lentement à cinquante pas en arrière.

— Eh bien ! disait M. d'Herbois, nous savons maintenant à n'en pouvoir douter, pourquoi l'on nous refuse l'entrée de l'hôtel !

— Je disais bien que c'était Dieu qui avait envoyé cet homme sur notre route ! répondit le vicomte en désignant Léonard. Ainsi, tout ce que tu avais deviné était vrai !

— Hélas ! Henri, j'étais certain de ne pas me tromper !

— Tu le vois, Charles, il est temps de partir, il est temps de soustraire Blanche et Léonore au danger épouvantable qui les menace...

— Oui, répondit le marquis, mais j'ai réfléchi. Avant d'en arriver à une extrémité devant laquelle je ne reculerai pas d'ailleurs si la situation l'exige, nous devons tout faire pour voir M. de Niorres.

— Mais, il nous a refusé obstinément sa porte.

— Il faut essayer de vaincre cette obstination.

— Pourquoi ?

— Nous devons prévenir le conseiller.

— Le prévenir de notre départ ?

— Non, mais lui dire que le fils de la Madone existe.

— Il ne nous recevra pas.

— Alors nous agirons en conséquence ; mais il est plus prudent, plus convenable de tenter une explication. Quel motif a M. de Niorres pour nous refuser l'entrée de son hôtel ?

— Le sais-je ? Le fait est là cependant : quatre fois nous avons été éconduits.

— Eh bien ! Henri, essayons une cinquième fois.

— Mais ce sont de nouvelles lenteurs, dit le vicomte avec impatience, et le péril est imminent ! Songe donc ! l'évêque est mort... Blanche et Léonore n'ont plus que leur mère pour veiller sur elle. Si la mort les frappait à leur tour...

— Tais-toi ! interrompit le marquis en pâlissant, ne dis pas cela ! Crois-tu donc que je veuille reculer le moment de leur délivrance ? Non ! mais je veux essayer encore d'accorder ensemble la sécurité de celles que nous aimons plus que la vie, et le respect que nous devons à leur famille.

Le vicomte prit la main du marquis et la serra fortement.

— Tu as raison ! dit-il.

XI

LA JOLIE MIGNONNE.

Lorsque le carrabas eut atteint le sommet de la montée de Sèvres, il s'arrêta, et tandis que les huit maigres haridelles essayaient de reprendre quelque force en soufflant bruyamment, le cocher, qui avait suivi à pied sa voiture, alla s'appuyer contre l'une des murailles bordant la route, se mettant ainsi sous son ombre protectrice à l'abri des rudes atteintes des rayons lumineux dont l'ardeur augmentait sensiblement aux approches du milieu du jour.

Assis nonchalamment sur une borne en attendant qu'il plût à ses voyageurs de rejoindre le véhicule, Fouquier tira de sa poche un carnet recouvert d'un cuir sale et gras et il l'ouvrit en relevant une agrafe servant à le fermer.

— Nous disons donc, murmura-t-il en jetant alternativement son regard oblique sur les feuilles noircies du carnet et sur les voyageurs qui s'avançaient péniblement, nous disons.... yeux noirs à fleur de tête, nez droit, bouche grande, figure osseuse, dents ébréchées, cou long et mince, épaules larges... Ça ne ressemble à aucun de ces gaillards-là... Le susdit personnage n'est donc point dans mon carrabas. Que le diable lui torde le cou, à ce brigand-là ! Joli métier qu'il me fait faire ? conduire ces chevaux éreintés sous un soleil de plomb et avaler la poussière de la route de Paris à Versailles pour gagner un écu de six livres à la fin de sa journée, et recevoir encore de mauvais compliments parce que je n'aurai conduit aucun voyageur dont le signalement se rapporte à celui-ci !.... Si M. Lenoir croit que je vais rester longtemps cocher de carrabas, il se trompe !.... Corbleu ! c'est cet infernal Jacquet qui a eu cette belle idée ! Ah ! si on n'avait pas quelque espérance pour l'avenir !... En attendant, quel diable de rapport puis-je faire ce soir sur ces gens que je mène à Versailles ? Léonard est inattaquable ! On l'accuserait d'avoir dévalisé une nuit l'église Notre-Dame que la reine le ferait relâcher le lendemain pour venir la coiffer.... Les deux nobles ne disent mot.... Quant aux autres.... ça vaut-il la peine d'être sér-veillés ? Bah ! si je ne trouve rien, je ferai passer l'un d'eux pour l'auteur du pamphlet sur Mme de Polignac ! Ah ! si je pouvais découvrir l'homme dont j'ai là le signalement ! quelle belle affaire !....

Sans doute le cocher, qui n'était autre qu'un employé de M. Lenoir (1), alors lieutenant de police du royaume,

---

(1) Fouquier-Tinville, fils d'un cultivateur, après avoir fait d'assez bonnes études, avait acheté à Paris une charge de pro-

allait continuer ses réflexions et son monologue lorsque Talma et son compagnon atteignirent l'endroit où stationnait la voiture.

— Oh ! fit l'élève de l'Ecole militaire en s'essuyant le front, il fait chaud aujourd'hui.

— Pas autant cependant que dans votre pays, répondit en riant le dentiste. Regrettez-vous donc la Corse ?

— Non, j'aime Paris, et l'un de mes plus grands soucis est de penser qu'après mon examen de sortie je serai envoyé en garnison dans quelque ville de province.

— Et vous vous destinez toujours à l'artillerie ?

— Toujours, c'est mon arme favorite. Oh ! il y a de grandes choses à faire avec l'emploi bien entendu du canon.

— A propos, y a-t-il longtemps que vous n'avez vu Davoust, votre ancien camarade de Brienne ?

— Depuis le mois de février dernier, époque à laquelle il a reçu son brevet de sous-lieutenant au régiment de Champagne cavalerie.

— Dans deux mois, vous aussi allez porter l'épaulette ; mais puisque vous passerez la journée à Versailles, il faudra que je vous mette en relation avec

cureur au Châtelet, mais sa honteuse inconduite, sa passion pour les plus basses débauches, son peu de probité, le contraignirent à se démettre de cet emploi. Il vendit sa charge *sans payer ses dettes*. Réduit à la misère après avoir fait de nombreuses dupes, il adressa en 1871 à Louis XVI des vers médiocres *dans lesquels il implorait sa pitié*. Il dut à cette flatterie d'obtenir un petit emploi à la police.

un charmant garçon, revenu d'Amérique il y a quelque temps. Il a servi là-bas sous les ordres de M. de Rochambeau.

— Ah ! comment l'appelez-vous.
— Alexandre Berthier.
— Je ne le connais pas.
— Et bien ! vous ferez connaissance.

En ce moment les autres voyageurs rejoignirent la voiture et chacun reprit dans le carrabas la place qu'il occupait précédemment.

Fouquier remonta sur son siège, et la lourde voiture s'ébranla de nouveau.

Bientôt la conversation devint générale, et à l'exception du marquis et du vicomte, lesquels ne se mêlaient en rien aux paroles échangées, chacun y prit une part active.

Léonard surtout brillait de tout l'éclat de sa faconde gasconne et de sa verve effrontée. Il parlait de tout et sur tout avec un aplomb qui faisait hausser les épaules au chirurgien Marat et sourire Danton et ses amis.

Quant au pauvre ouvrier teinturier, relégué au fond de la voiture, et auquel personne ne daignait faire attention, il semblait plongé dans une admiration profonde à l'égard du coiffeur de la reine.

Plusieurs fois il s'était penché en avant comme pour adresser la parole au coiffeur, plusieurs fois il avait tendu timidement la main comme pour saisir le pan de l'habit brodé du Gascon et attirer ainsi son attention ; mais chaque fois il avait retiré sa tête en rougissant ou laissé retomber son bras avec un geste de découragement.

Enfin, profitant d'un léger moment de silence qui succédait à un flot de paroles prononcées par Léonard, lequel jetait à la tête de ses compagnons de route tous les grands noms de la cour, qu'il traitait avec une familiarité capable de donner de ses relations la plus haute pensée, Jean, prenant son courage à deux mains, se hasarda à s'avancer discrètement.

— Monsieur... dit-il d'une voix timide.

Léonard tourna dédaigneusement la tête.

— Qu'est-ce, mon garçon ? fit-il avec un ton de protection tout à fait engageant. Que me veux-tu ?

— Monsieur, répondit l'ouvrier teinturier en s'enhardissant un peu, je veux vous dire qu'il ne dépendrait que de vous de rendre un fier service à mon patron ?

— Qu'est-ce que c'est que ton patron ?

— C'est maître Bernard, le gros teinturier de la rue Saint-Honoré.

— Maître Bernard ! répéta Léonard ; attends donc... il me semble que je connais ça...

— Un bel homme, ajouta Jean, comme pour faciliter les efforts de la mémoire du coiffeur.

— Eh bien ! en quoi puis-je l'aider ton M. Bernard ? demanda Léonard, assez satisfait de faire parade de sa puissance, et voulant, devant les voyageurs, se montrer bon prince.

— Dame, Monsieur ! dit l'ouvrier, vous connaissez M. Lenoir.

— Le lieutenant de police ? Parbleu ! certainement, je le connais.

— Alors ça ira tout seul...

— Quoi ?

— Ce que j'ai à vous demander pour le patron.

— Eh bien ! voyons, qu'as-tu !

— C'est rapport à la petite-fille de maître Bernard... sa chère enfant, qu'il ne peut retrouver... si bien que sa femme pleure toutes les larmes de son corps, et que lui a failli se tuer de chagrin...

— Sa fille est donc perdue ?

— Perdue ou volée, oui, Monsieur.

— Depuis quand ?

— Depuis la dernière Saint-Jean ; il y a tantôt quinze jours.

— Ah çà ! s'écria Léonard, que diable me racontes-tu là !

— Une histoire touchante, Monsieur, dit Danton d'un ton d'autorité, et qui peut faire pendant à celle que vous narriez tout à l'heure. Ah ! ajouta-t-il en se tournant vers l'ouvrier teinturier, vous travaillez chez Bernard ? C'est un digne et honnête homme, sur lequel le malheur est venu cruellement s'abattre. Je m'occupe en ce moment de son affaire, et à votre retour, vous pourrez lui dire que vous avez fait route avec Danton, lequel allait à Versailles consulter son ami Robespierre pour mener à bien l'entreprise dont il s'est chargé.

— Robespierre ! répéta Marat en tressaillant, c'est un garçon de talent et d'avenir.

— Vous le connaissez, Monsieur ? demanda Danton.

— Fort peu ; mais je crois que nous finirons par nous lier quelque jour, car il y a entre nous une communauté de sentiments.

— S'il y a entre eux communauté de sentiments, il n'y a pas communauté de costume toujours ! murmura Danton à l'oreille de Saint-Just, car Robespierre est aussi soigné dans sa mise que celui-ci est sale et déguenillé dans la sienne.

Marat n'entendit pas, mais il devina sans doute la pensée de l'avocat, car il sourit de ce mauvais sourire qui lui était habituel.

— Y aurait-il indiscrétion à vous demander quelques détails sur l'affaire à propos de laquelle vous allez consulter Robespierre ? reprit-il après un moment de silence.

— Aucune indiscrétion, Monsieur, car il s'agit d'une chose connue de beaucoup de gens, répondit Danton.

M. Bernard et sa femme, dont vous parlait tout à l'heure ce jeune homme assis derrière M. Léonard, sont deux braves et excellents époux, vivant fort bien ensemble et ayant concentré toutes leurs affections sur leur unique enfant, jolie petite fille de quatre ans, l'idolâtrie, le joujou, la merveille, les amours de tout le quartier habité par le teinturier.

Rien n'était plus charmant, au reste, que cette enfant appelée Rose par ses parents, mais surnommée, par les voisins, la *jolie mignonne*.

Alerte, rieuse, espiègle, on citait ses malices, on mangeait de baisers ses petites couleurs, on se faisait un plaisir de lui donner des cadeaux de toutes parts et ses parents, par suite, avaient la vogue dans leur état.

Moi-même (j'habite la même rue et suis voisin du teinturier), moi-même, j'ai bien souvent joué avec la jolie mignonne.

Maître Bernard et sa femme ne faisaient point un pas sans leur enfant chéri, l'emmenant partout avec eux, la couvrant des plus coquettes parures et se montrant à bon droit fiers de sa bonne mine et de sa gentillesse.

Il y a trois semaines, le jour de la Saint-Jean, la petite fille témoigna le désir d'aller admirer le feu de joie donné par la ville sur le port de la Grève.

Un désir de la jolie mignonne était un ordre pour ses parents. Le soir venu, on la para plus coquettement encore que de coutume, et M. et Mme Bernard se dirigèrent avec elle vers le lieu de la fête.

Durant le feu, tout alla bien. Rose applaudissait, criait de joie et admirait le spectacle, perchée sur l'épaule de son père, lequel était tout fier de la bravoure de sa fille et de la finesse de ses saillies provoquées par chaque incident du feu.

Cependant l'heure venue de se retirer, on chercha à se faire jour parmi la foule. Le père et la mère tenaient l'enfant de chaque main. Une alerte qui survint occasionna un moment de trouble, on criait, on hurlait, on jetait des pétards.

Le père et la mère furent violemment séparés l'un de

l'autre. La mère avait vu son mari s'écarter en tenant l'enfant, le père avait vu sa femme emporter la petite fille, cependant ils étaient inquiets.

Quand le torrent de mauvais sujets qui venait de mettre ainsi le désordre au milieu des bourgeois se fut écoulé, les deux époux accoururent l'un vers l'autre.

Jugez de leur désespoir ! Une double erreur les avait abusés, ni l'un ni l'autre n'avait plus l'enfant, la jolie mignonne avait disparu.

Tous deux, après s'être tordu les mains et confondus mutuellement en reproches au milieu du peuple qui s'amassait, coururent de droite et de gauche, s'exténuèrent auprès des autorités, prirent des renseignements, firent avec l'ardeur d'une fièvre effrayante la besogne des agents de police sans parvenir au moindre résultat.

Ils étaient, je vous jure, attendrissants à contempler ces pauvres parents désolés ! On ne voyait qu'eux partout. Ils n'avaient qu'une pensée, ne voulaient, ne demandaient, ne cherchaient rien que leur fille, leur trésor dérobé ou perdu.

Ils se désespéraient, entraient dans des états nerveux épouvantables ; la folie menaçait d'envahir leur cerveau.

La nuit se passa dans une suite non interrompue de vaines recherches. Au jour, ils coururent à l'hôtel du lieutenant de police ; un agent principal les reçut, les écouta, blâma fort leur imprudence de venir aux fêtes publiques avec un enfant et les renvoya en leur promettant de se livrer aux plus actives investigations.

Maître Bernard et sa femme rentrèrent chez eux la mort dans le cœur. Tous les voisins étaient accourus, c'était une désolation générale.

Bientôt la foule rassemblée et vivement émue fut saisie d'une idée généreuse : on fit une collecte, chacun apporta son obole et il fut décidé que la somme réunie serait la récompense de l'inspecteur de police qui ramènerait la jolie mignonne au logis paternel.

Le zèle fut stimulé par tous les moyens possible et ce douloureux événement occupa tout un quartier de Paris.

Cependant huit jours, dix jours se passèrent et aucune nouvelle n'arrivait de la jolie mignonne.

La pauvre mère dépérit à vue d'œil. Ce ménage, jadis si uni, devint un foyer de discorde. A chaque heure du jour, c'étaient des scènes, des injures, des colères. Chacun accusait l'autre de négligence et d'être l'auteur du désespoir commun.

Enfin, un soir, il y a à peine une semaine, le malheureux père, à la suite des reproches sanglants de sa femme et dans un accès d'exaspération, tenta de s'ouvrir la gorge à coups de rasoir. Les voisins, accourus à temps, l'empêchèrent d'accomplir son funeste dessein et une réconciliation eut lieu entre les deux époux.

Le surlendemain, le lieutenant de police fit prévenir maître Bernard que l'on avait trouvé dans la banlieue de Paris le corps de deux enfants du sexe féminin et pouvant l'un et l'autre avoir l'âge de la jolie mignonne. Seulement ces pauvres petits êtres, dont on attribuait la mort à un crime épouvantable, étaient absolument défigurés et avaient été trouvés entièrement nus.

Maître Bernard dut être mis en présence des deux cadavres et assista à l'autopsie qu'en firent les médecins pour constater le crime. L'identité ne pouvant s'établir facilement à cause de l'état dans lequel étaient les corps, on resta dans une poignante incertitude.

Le pauvre père avait passé une partie de la nuit près des médecins. L'émotion terrible qu'il éprouvait, l'horreur du spectacle auquel il assistait, le dégoût, la douleur lui donnèrent une fièvre ardente et on dut attendre pour le faire reconduire à son domicile.

On lui prodigua les soins les plus empressés, mais on hésita sur les moyens de prévenir sa femme dans la crainte de porter un nouveau coup trop violent à cette organisation déjà affaiblie par le désespoir.

Maître Bernard avait soigneusement caché à sa femme et l'avertissement que lui avait transmis la police au sujet des deux cadavres trouvés, et la scène effrayante à laquelle il allait assister.

Mᵐᵉ Bernard ignorait donc les motifs de l'absence de son époux. Vers cinq heures du matin, ne le voyant pas rentrer, les plus sinistres pensées assaillirent son cerveau malade.

Elle songea que la veille son mari s'était montré plus soucieux encore que de coutume, plus triste, plus sombre, plus désespéré. La tentative de suicide de l'avant-veille lui revint soudain à l'esprit. Elle se figura que maître Bernard s'était tué et la voilà, demi-folle, s'élançant par les rues.

Des amis, qui ne la quittaient pas, voulurent s'opposer à sa sortie ; mais ne pouvant l'en dissuader, ils l'accompagnèrent, craignant qu'elle ne se portât à quelque extrémité, tant sa surexcitation était grande.

C'était un miracle qu'elle pût marcher seule. Dans la rue du Cloître-Saint-Médéric, à la place même où l'enfant avait été perdue ou volée, cette surexcitation tomba tout à coup.

Les forces de la pauvre femme l'abandonnèrent, elle se laissa choir sur le pavé fangeux qu'elle embrassa vingt fois, parce qu'il avait été, disait-elle dans son délire, sanctifié par les pieds de sa fille.

La folie faisait des progrès rapides, Mme Bernard appelait la mort, elle priait Dieu, elle voyait sa fille parmi les anges : c'était un spectacle à attendrir une âme de bronze, et des maraîchers de Villeneuve-Saint-Georges, des dames de la Halle se rendant à cette heure aux Innocents, s'oubliant autour d'elle et n'osant la consoler, sanglotaient à chaudes larmes près de cette femme qui, dans sa volubilité déchirante, leur contait avec un accent parti du cœur les gentillesses, les manières, les charmantes saillies de l'enfant disparu.

— Oh ! pauvre mère ! ce devait être affreux ! dit Michel tout attendri au récit de Danton.

— C'est pourtant la pure vérité ! ajouta Jean en essuyant ses larmes, j'y étais ! Ça s'est passé comme le raconte Monsieur.

— Une famille empoisonnée ! un enfant volé, dit Marat, nous vivons dans un triste temps, Messieurs.

— Tout est objet de souvenir dans la pensée d'une

mère, reprit Danton après un léger silence, et personne mieux que Mme Bernard ne pouvait, en dépit de son accès de folie, retracer de sa fille un signalement aussi fidèle que celui qu'elle donnait alors.

La nuance particulière des cheveux blonds de la petite Rose, leur bouclure abondante, un signe brun au-dessous de l'œil droit, des ongles fins et transparents comme ceux d'une véritable main de marquise, car on en avait pris un soin extrême, une fossette au menton, le pli particulier de sa bouche, alors que la mutine enfant abusait avec coquetterie de son autorité sur ceux qui l'aimaient, et Dieu sait si le nombre en était grand! La mère désolée détaillait chaque trait, mimait les gestes, imitait le son de la voix, et jusqu'aux colères de Rose.

On l'écoutait, on croyait voir l'enfant. Chacun pleurait et n'osait arrêter l'élan effrayant de cette douleur poignante.

Aux premiers rangs de la foule serrée autour de Mme Bernard se tenaient deux jeunes gens qui paraissaient l'écouter avec l'attention la plus vive.

L'un pouvait avoir un peu plus de vingt ans, et était vêtu comme un fils de la bourgeoisie aisée. C'était un étudiant venu à Paris pour achever ses études, et se nommant Guillaume Brune. Son père, avocat au présidial de Brives-la-Gaillarde, fut un ami du mien, et Brune lui-même est l'un de mes intimes. Son compagnon, celui qui paraissait prendre un intérêt non moins sincère que le sien aux douleurs de la pauvre Mme Bernard, était plus jeune de quelques années, et il portait l'uniforme des soldats de Royal-Infanterie ; j'ai su depuis qu'il s'appelait Nicolas Soult, et qu'il était le fils d'un notaire.

L'étudiant et le soldat, touchés jusqu'aux larmes par le récit des malheurs de la mère désespérée, avaient essayé, mais en vain, de ramener le calme dans son esprit.

Mme Bernard n'écoutait rien, ne voulait parler que de sa fille, et chaque fois que l'on avait fait mine de l'arracher à ce lieu témoin des causes de sa douleur, elle avait poussé les cris les plus déchirants. Enfin un jeune homme, un ouvrier de son mari, je crois, accourt annoncer le retour à la maison du pauvre teinturier.

— C'était moi, dit Jean.

— Alors, fit Danton en s'interrompant dans le récit qu'il allait continuer, puisque vous étiez là, mon ami, vous devez savoir mieux que moi ce qui se passa.

— Oh ! Monsieur, dit l'ouvrier teinturier en devenant rouge d'émotion de se voir ainsi le point de mire de tous les regards que ces paroles venaient d'attirer sur lui, oh ! Monsieur, vous savez aussi bien que moi tout cela, et vous le dites bien mieux que je ne pourrais le faire...

— Que devint la pauvre femme ? demanda Michel avec la fièvre de l'impatience.

— Brune et le soldat, reprit Danton, pour parvenir à déterminer le départ de la pauvre mère et pour la calmer un peu, lui jurèrent solennellement, en présence de la foule attendrie, de se consacrer dès ce moment à la recherche de l'enfant dérobée, d'entraîner avec eux vers ce but leurs amis et leurs camarades, et de dépenser s'il le fallait, pour l'atteindre plus vite et plus sûrement, leurs peines, leur temps et leur argent.

Les dames de la halle formaient un cercle pressé autour de la malheureuse femme, et les témoignages de la plus tendre affection, de la plus sincère compassion lui étaient prodigués de toutes parts.

Trois marchandes de marée proposèrent, dans leur entraînement, d'aller faire dire une messe à Saint-Eustache pour protéger la réussite des recherches auxquelles allaient se livrer l'étudiant et le soldat.

Le peuple, Messieurs, continua Danton, a des superstitions respectables, des élans de sensibilité qu'il regarderait comme un sacrilège de ne pas suivre lorsqu'ils parlent en lui. Cette messe prenait le caractère d'engagement sacré; c'était la ratification d'un serment solennel: tous les assistants applaudirent à la proposition faite, et s'élancèrent vers l'église, entraînant avec eux Mme Bernard.

Marat sourit dédaigneusement.

— La messe dite et pieusement entendue, poursuivit l'avocat, Mme Bernard fut reconduite chez elle. Son mari, malade, était au lit; la pauvre femme fut contrainte de s'y mettre également. Ce fut le soir, c'est-à-dire avant-hier, que Brune vint me raconter cette histoire et me demander mes avis, et c'est pour m'assurer que ces avis donnés par moi sont bons que je vais à mon tour consulter à cette heure mon ami Robespierre, l'un des cœurs les plus humains que je connaisse.

— Mais M. et Mme Bernard? demanda Augereau.

— Ils sont toujours malades de chagrin, répondit Jean. Un de leurs parents a dû même venir se mettre à la tête de la teinturerie qu'ils sont incapables en ce moment de diriger.

— Et la jolie mignonne?

— Jusqu'à ce jour pas de nouvelles.

— Et l'étudiant et le soldat?

— Ils continuent probablement leurs recherches.

— Vous voyez, Monsieur, dit Danton en s'adressant à Léonard, que cette histoire, dont je viens de vous faire part, peut faire pendant avec la vôtre.

— Mais, fit observer le coiffeur, qui soupçonne-t-on? qui accuse-t-on? quel intérêt a pu être mis en jeu pour l'enlèvement de cette petite fille?

— Quelque famille noble qui a eu besoin d'un enfant, dit Marat avec une expression farouche.

— Un garçon, cela se comprendrait encore, mais une fille!

— Il se passe d'étranges scandales dans certaines petites maisons de grand seigneur.

— Oh! fit Michel avec un geste de réprobation énergique.

Marat haussa les épaules.

En ce moment on approchait de Versailles. Le cocher du carrabas, faisant pleuvoir sur ses maigres chevaux un véritable déluge de coups de fouet, hâtait leur marche lente, et la voiture roulait lourdement avec un bruit désagréable de ferraille sur le pavé assez bien entretenu de la voie royale.

Bientôt les grilles furent franchies, et on entra dans la ville aristocratique par excellence.

Chacun des voyageurs s'était enveloppé dans un silence profond, même le coiffeur, dont le bavardage avait été incessant durant les deux premiers tiers de la route.

Les deux histoires mystérieuses et terribles racontées successivement par Léonard et par Danton, avaient paru vivement impressionner tous les esprits, et les auditeurs s'isolant mutuellement par la pensée, semblaient absorbés dans de tristes réflexions..

Cependant le carrabas avançait rapidement, et déjà à l'extrémité de l'avenue de Paris se dressaient les imposantes bâtisses de cette résidence célèbre adoptée depuis plus d'un siècle par les rois de France, ce palais de Versailles né d'une fantaisie de Louis XIV, et « de ce plaisir superbe, a dit Saint-Simon, de forcer la nature, que ni la guerre la plus pesante, ni la dévotion ne purent étouffer. »

En 1785, quoiqu'on fût à la veille des événements les plus terribles, Versailles n'avait rien perdu de son faste royal et brillait même d'un éclat plus puissant. La noblesse menacée, obéissant à cette folie qui semblait s'être emparée d'elle et qui lui faisait fermer les yeux et les oreilles en face des dangers de l'avenir et en présence des indices les plus funestes, la noblesse étalait son luxe effréné, comme si elle eût en hâte de jouir des derniers jours de triomphe qui lui restaient. Versailles était encombré d'un monde de valets aux livrées éclatantes, de soldats suisses, de gardes-du-corps qui allaient, venaient, flânaient, s'arrêtaient, discouraient, péroraient sous les grands arbres des avenues, qui dans les rues spacieuses, qui à la porte des établissements publics ou des hôtels des seigneurs.

Les carrosses dorés, les chaises à porteur, les vinaigrettes, les cavalcades se succédaient, se croisaient sur la chaussée des routes. Une vie fiévreuse animait cette cité aux proportions grandioses et que la foule des courtisans qui l'envahissait rendait cependant trop petite encore.

Au moment où le carrabas allait atteindre la place d'Armes, il fut croisé dans sa course par un magnifique équipage tout étincelant de dorures et enlevé au grand trot de quatre superbes chevaux anglais dont la mode commençait si fort à se répandre.

Un homme de trente ans au plus, de physionomie agréable et fine et revêtu d'un costume ecclésiastique, occupait seul le carrosse princier.

— Peste, monsieur l'abbé ! dit Tallien en riant et en s'adressant à Joachim, voici un de vos confrères qui me semble en meilleur équipage que nous autres.

— Ah ! ah ! fit Danton en se penchant pour admirer la voiture au passage, c'est M. Maurice de Talleyrand, abbé de Périgord, l'agent général du clergé près la cour et à la veille, dit-on, d'être nommé évêque d'Autun.

— L'abbé de Périgord ! s'écria Joachim, mais c'est précisément chez lui que je vais.

— Alors, il y a grande chance pour que vous ne le rencontriez pas aujourd'hui, car il me fait l'effet de se diriger sur Paris.

— Alors, tant pis ! fit le jeune abbé avec un geste de détermination énergique. Si je ne le trouve pas aujourd'hui, je déchire ma soutane. Aussi bien y a-t-il longtemps qu'elle me brûle les épaules.

— C'est ça ! ajouta Augereau en riant. Quittez l'habit noir et prenez l'uniforme, car vous me paraissez diablement disposé à suivre plutôt le métier des armes que celui de rigide confesseur des péchés d'autrui. Enrôlez-vous dans le Royal-Infanterie, l'abbé ! C'est un beau régiment et l'un des sergents recruteurs est de mes amis. Nous fêterons ensemble votre entrée dans la carrière de Mars.

— Foin de l'infanterie, Monsieur ! répondit Joachim. J'aime mieux la cavalerie.

— Eh bien ! la cavalerie, soit ! Que diriez-vous des Chasseurs ?

— J'en aime l'uniforme !

— Alors, en avant l'enrôlement !

— A propos, Messieurs, dit Talma en s'adressant aux voyageurs ses compagnons, quelqu'un d'entre vous pourrait-il me donner un renseignement sur Versailles ?

— Qu'est-ce que c'est ? demanda Michel.

— Où peut-on trouver dans cette ville bonne table sans trop délier la bourse ?

— Bonne table ? Parbleu ! il en est une où le vin est bon et pas trop cher.

— C'est celle ?...

— De la mère Lefebvre, la jolie femme de Lefebvre le soldat aux gardes françaises, un brave garçon qui attend depuis douze ans les galons de caporal. Sa femme a la renommée des gibelottes.

— Et Mᵐᵉ Lefebvre demeure ?

— Rue du Plessis, non loin de l'église et à côté du marché ; mais si vous voulez y dîner, trouvez-vous ici, devant le château, à trois heures, Tallien et moi vous conduirons.

— Cela vous convient-il ? demanda Talma à l'élève de l'Ecole militaire.

Celui-ci fit un signe affirmatif.

— Alors, reprit le dentiste, ici à trois heures.

— Convenu ! s'écria Michel. Et vous l'abbé ?

— J'irai avec vous, Messieurs.

— C'est cela ! dit Augereau, nous achèverons de le former aux belles manières.

Le carrabas venait de s'arrêter et le cocher descendait de son siège pour ouvrir la portière.

Les voyageurs s'élancèrent à terre et chacun tirant son mouchoir de sa poche, commença à s'épousseter énergiquement des pieds à la tête, opération que rendait indispensable la poussière étalée en couches épaisses sur les habits, les chaussures et les chapeaux.

Seuls, le marquis et le vicomte ne se livrèrent pas à ce soin de leur toilette. A peine furent-ils sur le pavé, que jetant aux mains du cocher le prix de la course, ils s'éloignèrent rapidement.

Comme ils atteignaient l'angle de la rue de Maurepas, ils virent venir à eux un personnage de haute taille, vêtu d'un costume sévère et marchant le front baissé le long des maisons.

MM. de Renneville et d'Herbois s'arrêtèrent soudain. Le personnage à la démarche soucieuse passa près d'eux sans les voir et continua sa route.

Après avoir fait quelques pas, il s'arrêta un moment sur le seuil d'une maison de belle apparence, sembla hésiter, puis, prenant un parti décisif, il pénétra sous la voûte de la porte d'entrée.

Le vicomte et le marquis s'étaient retournés et avaient suivi attentivement des yeux le promeneur solitaire.

— M. de Niorres ! murmura le marquis.

— Chez qui donc va-t-il là ? dit M. de Renneville.

— Chez le lieutenant de police. Il est entré à l'hôtel Lenoir.

— Chez le lieutenant de police ? Mon Dieu ! irait-il donc lui apprendre encore quelque nouveau malheur.

Les deux jeunes gens se regardèrent avec une expression d'angoisse effrayante.

— S'il s'agissait de l'une d'elles !... fit le marquis en devenant horriblement pâle.

— Oh ! cette crainte d'un événement fatal suspendu sur nous comme une épée de Damoclès, n'est pas plus longtemps supportable ! il faut à tout prix sortir de cette situation.

— Alors il faut faire sur l'heure ce que nous avons résolu !

— Eh bien ! agissons.

— Mais avant tout attendons le conseiller.

— Tu as raison.

Les deux jeunes gens s'arrêtèrent et demeurèrent immobiles à quelque distance de la maison dans laquelle était le conseiller.

Pendant ce temps leurs compagnons, les voyageurs du carrabas, se dispersaient sur la place d'Armes.

Léonard partait comme une flèche dans la direction du château, se précipitant vers l'entrée des petits appartements. Talma, son ami, Michel, Tallien, Augereau et Joachim se séparèrent en se donnant rendez-vous à trois heures, au même lieu, pour aller dîner chez la mère Lefebvre, la femme du soldat aux gardes françaises, tandis que Danton, Fouché et Saint-Just se dirigeaient vers la demeure de Robespierre.

Marat, les mains dans ses poches, et Jean, son paquet sous son bras, furent les derniers à se mettre en route, l'un pour se rendre aux écuries du comte d'Artois, où il avait son logement, et l'autre vers les communs du palais, où il allait porter ses franges.

X

MONSIEUR LENOIR

La demeure officielle du lieutenant-général de police était naturellement sise à Paris ; mais l'obligation dans laquelle se trouvait ce magistrat de communiquer constamment avec la cour, et presque chaque matin avec le roi, ses attributions qui le mettaient en relation directe avec les ministres et les grands seigneurs, l'appelaient si fréquemment à Versailles, que, tout en maintenant dans la capitale le siège de ses bureaux, il avait été contraint d'occuper un hôtel dans le lieu de résidence de la cour.

Au mois de juillet 1785, c'était encore M. Lenoir qui remplissait les fonctions de cette charge importante.

M. Lenoir n'était peut-être pas un grand magistrat, ni un administrateur de première force, mais c'était à coup sûr un homme laborieux, intelligent, actif, spirituel, et d'un sens droit et juste. En 1774, il avait succédé à M. de Sartines, si célèbre par son esprit d'intrigue et son goût particulier pour les perruques, dont il possédait une collection extrêmement remarquable tant par le nombre que par la variété.

Les fonctions du lieutenant de police avaient à cette époque, deux objets : les *recherches secrètes* et la *police municipale*. Les *recherches secrètes* avaient un grand rapport avec la *police politique*, mais elles s'étendaient à des investigations morales absolument étrangères à celle-ci.

D'une part, la passion de Louis XV pour le commérage, sa curiosité insatiable, son désir d'animer un peu son esprit blasé par la connaissance d'anecdotes scandaleuses, l'intérêt de ses ministres de le maintenir dans un monde de puérilités pour l'éloigner des choses sérieuses, en amusant le roi par des récits quotidiens, et en flattant sa manie étrange pour une tête couronnée, avaient conduit le lieutenant de police à s'immiscer peu à peu dans les affaires des particuliers, à espionner les familles, à glaner enfin les historiettes qu'il devait, le lendemain, placer dans son rapport, en fouillant dans l'intérieur de chacun et en découvrant des plaies sociales, des hontes secrètes, des malheurs mêmes dont la narration servait de distraction au royal ennuyé !

D'une autre part, cette violation du plus sacré des droits des citoyens d'un pays était encore excitée par les mœurs plus que libres d'une cour avide d'immoralités, les grands seigneurs mettaient à contribution les employés de la police pour faciliter leurs plaisirs particuliers.

Quant à la *police municipale*, elle s'occupait alors

comme aujourd'hui, de la sûreté, de la tranquillité et de la salubrité publique ; mais cette seconde partie des attributions du magistrat était constamment sacrifiée à l'importance de la première, et les rapports conservés dans les archives le prouvent ; la police de Louis XV et celle de Louis XVI étaient malheureusement beaucoup plus au courant des scandales de toutes sortes provoqués constamment, qu'elles ne s'attachaient à poursuivre les crimes et à protéger les sujets du roi contre les vols commis chaque jour à leur préjudice.

C'est là ce qui explique l'existence extraordinaire pour nous des Cartouche, des Mandrin, des Poullailler, et autres célébrités du vol et de l'assassinat.

Outre ces deux attributions, les lieutenants de police en avaient d'autres qui leur étaient déléguées sous le titre de *commissions* par des arrêts du conseil, et qui pouvaient s'étendre aussi loin que les circonstances l'exigeaient.

Nommé en 1774, destitué par Turgot en 1775, la disgrâce du ministre ramena, en 1776, M. Lenoir à la tête de la police du royaume, et en 1785, nous le trouvons en plein exercice de ses fonctions.

L'hôtel que M. Lenoir occupait à Versailles n'était pas très vaste ; mais bien proportionné et meublé d'une manière fort luxueuse, il pouvait constituer un séjour des plus agréables.

Cet hôtel n'étant pas la résidence officielle du magistrat, M. Lenoir s'y reposait ordinairement des fatigues de l'administration, n'y donnant que fort peu d'audiences, et rien qu'aux personnages d'importance, et ne recevant là que ses agents les plus intelligents et chargés du service le plus délicat.

Aussi, au premier abord, rien ne sentait-il la police en pénétrant dans ce charmant réduit. Quelques valets en livrée sous le vestibule, de beaux équipages dans la cour, aucune foule, aucun garde ; à peine voyait-on de temps à autre un individu à mine rusée, à figure de fouine se glisser comme une couleuvre au milieu des habits galonnés et pénétrer dans l'intérieur du logis.

M. Lenoir n'était guère visible à Versailles que pour ses amis de la cour, c'est-à-dire pour les espions qu'il entretenait à grands frais dans le grand monde, enfants de bonne famille pour la plupart, et que la débauche avait conduits à la misère, et la misère au métier qu'ils avaient accepté.

Ce jour où commence notre récit et où nous avons accompagné de Paris à Versailles les voyageurs entassés dans le carrabas, M. le lieutenant de police, en toilette élégante, était étendu sur une soyeuse ottomane garnissant tout un côté de muraille de son cabinet.

C'était quelques instants avant que la voiture publique n'atteignit l'entrée de la ville, une demi-heure donc environ avant que le vicomte de Renneville et le marquis d'Herbois n'eussent fait la rencontre du personnage si fort préoccupé, lequel se dirigeait, sans voir les deux officiers de marine, vers la demeure du lieutenant de police.

En face du magistrat et se tenant respectueusement debout, le chapeau à la main, était un homme de moyenne taille, de chétive apparence et dont il était impossible, au premier coup d'œil, de deviner l'âge même d'une manière approximative.

Costumé en homme de bonne compagnie, le visiteur du lieutenant de police se tenait dans une pose gracieuse, le coude appuyé sur le dossier d'un siège élevé, chiffonnant de la main son jabot de dentelle.

Fière, froide, impénétrable et immuable, la physionomie de cet homme demeurait toujours la même : aucune expression sensible ne s'y lisait ; son regard verdâtre et terne effleurait les objet sans s'y reposer, et la mobilité extrême dont il était doué empêchait qu'on pût le rencontrer jamais complètement en face.

— Eh bien donc, monsieur Jacquet, dit le lieutenant de police en faisant tournoyer du bout des doigts, d'une main assez belle et fort soignée, le gland d'un coussin sur lequel il appuyait le haut du corps, eh bien donc, monsieur Jacquet, nous sommes enfin sur les traces du coupable ?

— Je l'espère, monseigneur, répondit l'agent de police.

— Quoi ? reprit M. Lenoir, vous ne faites qu'espérer, Jacquet ?... Vous n'êtes donc pas sûr !

— Qui peut être sûr de quelque chose quand il s'agit de l'homme dont nous parlons ?

— Mais enfin, est-on sur ses traces ?

— On y est.

— Qui cela ?

— Deux hommes dont je réponds.

— C'est bien lui qui est l'auteur du nouveau libelle contre la reine ?

— J'en réponds encore. J'ai saisi le manuscrit écrit de sa propre main ; c'est bien la même écriture que celle des deux pamphlets : *les Aventures de madame de Polignac et le Cri de la France contre les favoris.*

— Mais avez-vous des preuves certaines que cette écriture soit la sienne ?

— Des preuves matérielles, non ; des preuves morales, oui.

— Mais il faut des preuves matérielles, Jacquet, pour agir contre un homme de son importance.

— Je le sais, monseigneur, et c'est l'acquisition de ces preuves foudroyantes qui fait en ce moment l'objet de toutes mes recherches.

M. Lenoir se leva et fit quelques tours dans la pièce.

— Ainsi, dit-il en s'arrêtant brusquement, ces libelles contre la reine et son entourage, et l'enlèvement de cette petite fille de la rue Saint-Honoré qui excite si fort en ce moment la bourgeoisie contre nous, seraient l'œuvre d'un seul et même individu ?

— Je le crois, monseigneur, répondit froidement Jacquet.

— Et cet homme, ce criminel odieux serait le protégé d'une altesse, de monseigneur le duc de Chartres ?

— Plus que le protégé, monseigneur, mais le compagnon de plaisirs, presque l'intime de l'illustre personne dont vous parlez, dit Jacquet.

— Mais si cela est, Jacquet, la situation est périlleuse.

Jacquet s'inclina sans répondre, mais son geste indiquait clairement qu'il était du même avis que son chef.

M. Lenoir recommença sa promenade.

— Jacquet, reprit-il après un instant de silence et en s'arrêtant de nouveau en face de l'agent toujours immobile à son poste, Jacquet, il faut étouffer l'affaire de l'enfant, et me trouver un autre coupable pour les libelles en question.

— Etouffer l'affaire de la petite Rose sera difficile, dit l'agent en avançant la lèvre supérieure en signe de doute.

— Si les parents sont pauvres, faites-les riches et ils se tairont.

— Ils ne sont pas riches, mais cependant ils ne sont pas pauvres.

— Le père aime-t-il les honneurs?

— Il n'en a jamais tâté, mais il doit les aimer comme tout le monde.

— La femme est-elle jeune encore?

— Suffisamment.

— Eh bien! qu'ils espèrent une consolation dans l'avenir à leur malheur présent, qu'ils cessent de faire parler d'eux, d'animer les esprits, et on nommera l'homme échevin.

— C'est peut-être un moyen, et je crois que nous réussirions de ce côté, mais.....

— Mais quoi? dit le lieutenant de police en voyant Jacquet hésiter à parler.

— Nous avons une autre affaire pendante, et celle-là a bien aussi son importance.

— L'affaire de Niorres?

— Oui, monseigneur. Jusqu'ici on était parvenu à la tenir à peu près secrète, mais elle commence à s'ébruiter, et avant vingt-quatre heures elle courra tout Paris. Le public va crier...

— Vous n'avez pas revu M. de Niorres ! demanda le lieutenant de police.

— Pas depuis hier à midi.

— Et il n'avait aucun soupçon sur l'auteur de ces attentats ?

— Aucun.

M. Lenoir regarda fixement M. Jacquet.

— Lui avez-vous fait part de ce dont vous m'avez parlé avant-hier ? dit-il d'une voix grave.

— Pas directement, monseigneur, repartit l'agent. Je l'ai sondé d'abord, il ne songeait à rien... puis j'ai jeté un jalon...

— Et qu'a-t-il dit ?

— Il a paru ne pas croire, cependant mes observations l'ont frappé.

Le lieutenant de police se rapprocha de son interlocuteur.

— Monsieur Jacquet, dit-il en baissant la voix, êtes-vous bien certain d'avoir agi suivant votre conscience en accusant ceux que vous prétendez être les coupables ?

— Monseigneur, répondit Jacquet, la confidence, que j'ai eu l'honneur de vous faire, est le résultat de mes recherches, et toutes les probabilités se réunissent pour me donner raison.

— Hier soir, reprit M. Lenoir après un moment de silence, je me suis trouvé avec le bailli de Suffren ; je lui ai parlé, sans rien lui confier cependant de positif, des deux personnages en question. Le bailli de Suffren a l'un et l'autre en très haute estime ; il prétend que ce sont deux excellents gentilshommes, deux braves et dignes officiers de Sa Majesté. Leurs familles ont de hautes alliances, monsieur Jacquet.

— Parents éloignés que ceux qui leur restent, monseigneur ; ils sont orphelins tous deux et n'ont ni frère ni sœur. L'état de leurs affaires est aussi déplorable que possible : des dettes énormes !...

— Cela n'est point un motif de culpabilité.

— Qui donc cependant aurait intérêt à accomplir tous ces crimes ? Monseigneur n'a-t-il pas pris connaissance du rapport détaillé que je lui ai remis hier ?

Et Jacquet désigna un volumineux cahier de papier placé sur le bureau du magistrat.

— Si fait, dit M. Lenoir en secouant la tête ; j'ai lu, et malheureusement je suis obligé de penser comme vous.

Jacquet s'inclina.

— Monseigneur a tant de sagacité ? dit-il.

M. Lenoir ne répondit pas : sa physionomie exprimait un mécontentement manifeste.

— S'ils sont coupables et que je les accuse, dit-il en frappant le tapis du talon de sa chaussure, j'aurai toute la noblesse du royaume sur les bras ; si je laisse ces crimes impunis, le peuple entier me jettera la pierre !

— Le peuple, en ce moment, a besoin d'être contenté, monseigneur, fit observer l'agent de police.

— Je ne l'ignore pas, Jacquet ! Le peuple est surexcité chaque jour contre la noblesse. Ces avocats, ces libellistes sont de véritables fléaux. Mais à propos d'avocat, qu'est-ce que ce jeune homme d'Arras qui est en ce moment à Versailles et dont la réputation commence à grandir parmi les ennemis de la cour?

— Monseigneur veut parler de M. de Robespierre?
— Oui. Quel homme est-ce?
— Peuh! fit Jacquet avec une moue méprisante, pas grand'chose, monseigneur. Nous l'aurons à nous quand nous le voudrons bien (1). « M. de Robespierre n'est pas riche et certains obstacles qui se trouvent sur une portion du patrimoine qui lui revient ne peuvent se lever que par le moyen de la police, avec des recherches. Voici le fait : on ne sait encore ce qu'est devenu son père depuis assez longtemps disparu. Le séquestre est mis depuis ce jour sur une bicoque de campagne aux environs d'Arras, vu que le chef de cette famille étant parti pour un voyage on ne sait où il a passé ni ce qu'il est devenu. Le fils en est fort en peine à cause de ses intérêts. On attribue à sa tendresse filiale ses efforts pour faire du bruit dans l'espoir que le retentissement de sa gloire tirera son père des cellules de quelque chartreuse. »

— J'aurais cru cet homme plus fort, dit M. Lenoir.
— Au demeurant, continua Jacquet, c'est un assez

(1) Tout ce passage concernant Robespierre et placé entre guillemets, est extrait d'un rapport faisant partie des Archives de la police, rapport fait sur Robespierre au commencement de 1785, alors que le gouvernement, pressentant une assemblée prochaine des notables, voulait avoir des renseignements sur chacun de ceux qui pourraient être envoyés. Ce rapport est signé d'un C.

bon homme, fort sentimental et au mieux avec les chanoines du chapitre de Paris. Il dîne fort souvent chez eux (1). Je tournerai ces prêtres contre lui s'il est besoin et si vous le voulez.

— On parle d'une probabilité d'assemblée des notables, reprit M. Lenoir. Il me faut des renseignements sur chacun de ceux qui seront choisis.

— Monseigneur sera obéi, et quant à l'affaire de Niorres, faut-il continuer les recherches?

— Activement, mais vous ne communiquerez vos rapports qu'à moi seul.

— Et les deux gentilshommes?

— Ayez des détails précis sur eux et efforcez-vous de m'apporter quelques preuves positives de leur culpabilité. Songez également, monsieur Jacquet, à étouffer l'affaire Bernard, qu'on ne parle plus de ces enlèvements d'enfant qui agitent tous les esprits et pour ce qui est de l'auteur des libelles.....

— Que monseigneur se rassure, je me charge, moi, de trouver un coupable qui fera quelque temps de Bastille pour un prix modéré.

— De cette façon, la reine sera satisfaite...

— Et nous ne mécontenterons personne, ajouta Jacquet en souriant d'un pâle sourire qui ressembla à s'y méprendre à une abominable grimace.

Le lieutenant de police le regarda en face.

— Monsieur Jacquet, dit-il gravement, vous avez toute ma confiance, je pense que vous ne songerez jamais à en abuser.

(1) Ce passage est encore extrait du même rapport.

— Monseigneur a de trop sûrs moyens pour me fermer la bouche, si cette bouche s'ouvrait indiscrètement. Il devrait donc être certain de ma fidélité, s'il n'avait pas confiance en mon dévouement à toute épreuve.

M. Lenoir fit un signe d'assentiment. A ce moment on gratta discrètement à la porte du cabinet.

— Entrez ! dit le lieutenant de police.

Un valet se glissa derrière le battant entr'ouvert et prononça quelques paroles à voix basse à l'oreille de son maître.

— Il est là ? demanda M. Lenoir.

— Oui, monseigneur, il attend.

— Eh bien ! dites que je vais le recevoir.

Puis se tournant vers Jacquet :

— C'est convenu, ajouta-t-il, que demain l'auteur des libelles soit arrêté !

— Il le sera, monseigneur ! répondit Jacquet.

— Et quant à l'affaire Bernard ?

— Je vais m'en occuper de ce pas dans le sens voulu.

— Bien ! fit M. Lenoir en accompagnant ce mot d'un geste de congé.

Jacquet s'inclina profondément, puis, glissant sur le tapis, il souleva le pan d'une portière et disparut par une porte opposée à celle qu'ouvrait au même instant le valet.

— Monsieur de Niorres ! annonça à voix haute le domestique.

XI

LE CABINET DU LIEUTENANT DE POLICE

Le visiteur, qui venait d'être ainsi annoncé, s'avança sur le seuil du cabinet de M. Lenoir. C'était le même personnage qu'avaient rencontré MM. d'Herbois et de Renneville, et qui était entré dans l'hôtel de la rue de Maurepas, sans accorder la moindre attention aux deux officiers de marine.

M. de Niorres (puisque le valet l'avait appelé ainsi) était un homme de grande taille, âgé d'environ soixante ans.

Son costume, entièrement noir, faisait ressortir encore l'extrême pâleur de son teint. Ses mains, s'échappant d'un flot de dentelles, avaient l'apparence de la cire.

La physionomie de M. de Niorres était fort belle et tout à fait magistrale. Son front proéminent et chargé de rides, creusées par le travail, dominait bien ses yeux bleus, encadrés sous des sourcils gracieusement arqués. Son nez droit, de forme romaine, lui donnait le profil d'une médaille antique, et sa bouche bien dessinée, son menton fortement accusé ne détruisaient en rien cette ressemblance avec la coupe de visage adoptée par les statuaires pour représenter les héros du Forum.

On devinait facilement que ses cheveux poudrés n'eussent pas eu besoin pour être blancs de l'artifice d'un coiffeur.

Cette belle tête, dont la pureté des lignes frappait au premier abord, offrait une expression de douloureuse tristesse qui ne devait pas moins impressionner ceux qui la contemplaient.

Le regard était anxieux, les lèvres décolorées et deux sillons profondément tracés à chaque coin de la bouche accusaient une pénible affliction de la pensée.

M. de Niorres, après avoir fait quelques pas en avant, s'inclina devant M. Lenoir qui lui rendit profondément son salut.

Le lieutenant de police s'empressa même de pousser un fauteuil vers son visiteur et du geste il l'invita à prendre place.

— Je me réjouirais de l'honneur de votre visite, Monsieur, dit M. Lenoir, si je ne devinais que cette visite a pour cause une affliction nouvelle ; mais, Monsieur, je suis comme toujours tout à vos ordres !

(Le mot *monsieur* était le titre que l'on donnait alors aux membres du parlement. La réunion de toutes les chambres était désignée par : *messieurs*, et chaque membre de la magistrature du royaume était *l'un des messieurs*.)

Le conseiller étouffa un soupir en écoutant la phrase

qui lui était adressée, et se laissant tomber pesamment dans le fauteuil qui lui avait été présenté :

— Hélas ! répondit-il, vous devinez juste. C'est encore un nouveau malheur qui me conduit ici.

— Quoi ! s'écria le lieutenant de police, avez-vous donc à me dénoncer un autre crime ?

— Oui, Monsieur ! dit le conseiller en courbant sa belle tête.

M. Lenoir joignit les mains.

— Qui donc a encore été frappé ? demanda-t-il après un moment de silence.

— Ma sœur !

— Mme d'Orgerel ?

— Elle est morte cette nuit.

— Elle aussi a été empoisonnée ?

— Non. Cette fois l'assassin s'est servi d'un autre moyen de destruction.

— Lequel ?

— Le feu. A quatre heures du matin, au moment où je commençais à peine à prendre un peu de repos, je fut réveillé subitement par des cris aigus. Une grande clarté, provenant du dehors, inondait ma chambre. Je me vêtis à la hâte, je m'élançai... Je trouvai mes gens occupés à enfoncer les portes de l'appartement de ma sœur, mais quand nous parvînmes près d'elle, il était trop tard. Sa chambre n'était plus qu'une fournaise, et Mme d'Orgerel avait péri étouffée par la fumée !

— Mais, fit observer M. Lenoir, cet incendie n'était peut-être que le résultat d'un accident et non celui d'un crime.

M. de Niorres se dressa sur son siège.

— S'il n'y avait pas crime prémédité, dit-il d'une voix forte, comment expliquer alors la découverte faite par moi, d'une sorte de machine infernale placée dans l'appartement de ma bru, Mme de Versac, lequel est voisin de celui de ma sœur. La mèche s'était éteinte par un miracle de la Providence !

— Avez-vous donc retrouvé des vestiges d'une semblable machine dans l'appartement de Mme d'Orgerel ?

— Oui, et c'est le bruit qu'elle a fait en éclatant qui m'a brusquement tiré de mon sommeil. Le plan de l'assassin était, pour ainsi dire, palpable. Les deux paquets devaient éclater en même temps, communiquer le feu aux deux appartements à la fois, c'est-à-dire à tout le corps principal du bâtiment de l'hôtel, et ma sœur et ma bru devaient périr ensemble.

M. Lenoir ne répondit pas. Il semblait réfléchir profondément.

— Quelle est la fortune de Mme d'Orgerel ? demanda-t-il tout-à-coup en relevant la tête.

— Environ un million de livres en terre, répondit le conseiller au parlement.

— Et elle avait testé ?
— Oui.
— Quand cela ?
— Il a huit jours.
— En faveur de qui ?
— En faveur de ses neveux en substitution de l'un à l'autre en cas de prédécès de l'enfant de mon premier

fils, lequel devait, comme chef mâle de la famille, hériter d'abord de tout lui-même. J'avais fait le même jour des dispositions identiques.

— Quelle est la fortune laissée par votre fils aîné, feu monseigneur l'évêque? demanda encore M. Lenoir.

— Neuf cent mille livres, répondit M. de Niorres.

— Et la vôtre, Monsieur, peut s'évaluer?

— Au double de cette somme environ.

— Donc, reprit le lieutenant de police, l'enfant de votre premier fils marié, le pauvre petit orphelin, a hérité tout d'abord des biens de son père, soit?

— Cinq cent mille livres.

— Plus, de la fortune de l'évêque et de celle de Mme d'Orgerel, ce qui l'aurait rendu possesseur un jour, si le crime odieux s'était accompli dans toute son étendue et que Mme de Versac eût péri également, d'une fortune de quatre millions deux cent mille livres?

— Oui, Monsieur.

— Si cet orphelin venait à mourir à son tour, toutes les substitutions sont faites au profit de l'enfant de votre second fils marié, c'est-à-dire du fils de votre bru, Mme de Versac.

— C'est lui en effet qui, devenant le seul enfant mâle, hériterait de tous les biens de la famille.

— Et en cas d'extinction complète d'enfant mâle?

— Ce serait à ma fille que reviendraient tous ces biens.

— Madame votre fille n'a pas d'enfant, elle?

— Non.

— De sorte que si elle venait à mourir?

— La fortune entière passerait sur la tête de mes nièces, les filles de mon frère, Blanche et Léonore, leur mère n'étant que ma belle-sœur et n'ayant aucun droit par conséquent aux biens provenant du chef du frère de son mari.

— Et après vos deux nièces ?

— Je n'ai plus de parents, même éloignés.

— Dès lors, la question d'héritage est circonscrite entre l'orphelin, le fils de Mme de Versac, votre fille et vos deux nièces ?

— Sans doute, fit M. de Niorres, mais pourquoi toutes ces demandes et à quoi voulez-vous en venir ?

— A vous rappeler, Monsieur, répondit nettement le lieutenant de police, cet axiome de droit que vous devez connaître mieux que moi encore : *Cherche à qui le crime profite !*

M. de Niorres devint d'une pâleur mortelle et se renversa en arrière.

— Monsieur, dit-il d'une voix étranglée, faites-vous attention à vos paroles ? Vous accusez toute une honorable famille.

— Je cherche le coupable ! répondit froidement le lieutenant de police.

Puis, attirant son siège vers celui du conseiller au parlement et saisissant les mains du malheureux père dans les siennes, avec un geste empreint de la plus profonde sympathie !

— Monsieur, reprit-il, je ne parlerais pas à tout le monde ainsi que je le fais, mais je n'ai point devant moi un homme ordinaire. Je m'adresse à un esprit éminent, supérieur, à un magistrat austère et d'une loyauté reconnue de tous, à une âme forte enfin. Je dis à ce magistrat que chacun respecte : quittez pour un moment votre situation de chef de famille, que l'homme frappé par le malheur face place au juge intègre et éclairé. Qu'il se mette, ce juge, en présence d'une filiation de crimes semblables à ceux qui le désolent, mais accomplis dans une autre maison que la sienne ; qu'il se voie pour un moment chargé de conduire l'instruction de cette ténébreuse affaire et qu'il me réponde selon sa conscience. Que fera-t-il pour remonter à la source du mal, pour découvrir le coupable ?

Le conseiller au parlement regarda fixement et profondément M. Lenoir.

Puis, laissant douloureusement retomber sa tête sur sa poitrine soulevée par un râle convulsif :

— Le juge, dit-il, ferait ce que vous venez de faire, comme vous il suivrait le précepte indiqué par l'axiome de droit, mais si le juge n'hésitait pas à aller droit au but, le père préférerait la mort plutôt que de laisser planer l'un de ses soupçons sur ses enfants !

— Cependant, Monsieur, reprit le lieutenant de police, vous êtes à la recherche du coupable qui frappe en ce moment vous et les vôtres ; votre présence même dans mon cabinet prouve que vous avez l'intention arrêtée de poursuivre cette affaire, d'appeler la lumière au milieu de ces mystérieux événements. Or, pour arriver à la découverte de la vérité, si cruelle qu'elle soit d'ailleurs, il faut que nous éclairions ensemble toutes les voies à suivre, que nous acceptions, momentanément au moins, toutes les suppositions que la raison nous suggère. Cette pensée poignante, déchirante, que je viens d'émettre, ne vous doit pas étonner, vous un magistrat, et la façon dont vous avez répondu me prouve que, si cette pensée n'a pas été accueillie déjà par vous, tout au moins elle a déjà obsédé vos veilles.

M. de Niorres ne répondit pas, mais il baissa encore davantage sa tête penchée.

Le lieutenant de police fixait sur le vieillard, avec une persistance opiniâtre, son œil investigateur ; il couvrait, pour ainsi dire, le conseiller au parlement sous son regard auquel aucune expression de physionomie n'échappait. On eût dit que M. Lenoir, en torturant le cœur de son visiteur, suivait une route tracée d'avance pour arriver sûrement à un but connu de lui seul. Il reprit, après quelques moments, et avec une voix plus câline encore et plus incisive :

— Ces soupçons épouvantables vous déchirent, je le comprends ; cependant ils ne sont pas hors de cause, croyez-le. Mais, comme il vous serait trop pénible de les suivre vous-même, laissez-moi les accompagner dans leur marche ascendante vers cette vérité qu'il nous importe à tous deux de découvrir, vous comme chef d'une famille opprimée, moi comme magistrat chargé de la sécurité des sujets du roi.

Le conseiller fit un geste signifiant qu'il ne s'opposait en aucune façon aux intentions de son interlocuteur.

— J'ai dit tout à l'heure, poursuivit M. Lenoir, *cherche à qui le crime profite* ! Or, dans les circonstances actuelles, il est évident, presque certain, qu'un intérêt d'argent conduit la main de l'assassin, sans quoi cette succession réfléchie de crimes deviendrait inexplicable. Voyez, en effet, la marche progressive et raisonnée... Votre premier fils, marié, a deux enfants, sa femme est enceinte... on espère anéantir d'un coup les enfants né et celui à naître... le poison est versé ; un miracle sauve le pauvre innocent ; mais l'empoisonneur ne pouvait prévoir ce miracle. Donc, votre fils meurt ainsi que sa femme et ses deux enfants.

A qui serait revenu sa fortune, à lui, votre héritier, dans le cas où toute la famille eût été anéantie ? A votre second fils. C'était donc à celui-là que le crime profitait... Mais il est frappé à son tour. Sans doute on avait l'espoir de tuer du même coup sa femme, son enfant et son neveu, auquel Mme de Versac sert de mère. Une seconde fois la Providence protège les innocents, et ceux-ci échappent. Mais à qui eût profité ce nouvel attentat s'il n'eût reçu son entière exécution ? Quels étaient les héritiers de votre second fils et de son enfant ? L'évêque... mais l'évêque succombe à son tour... Mme d'Orgerel est atteinte également par le bras infatigable... et Mme de Nohan...

— Ma fille ! s'écria M. de Niorres, vous accusez ma fille.

— Je n'accuse point, Monsieur, je procède par déductions logiques. Il est incontestable que tous ces crimes accomplis, c'était à votre fille et son mari, le comte de Nohan, que revenait le splendide héritage.

— Mais M. de Nohan est le meilleur et le plus humain des hommes, mais ma fille est une sainte, Monsieur ! dit le conseiller avec l'accent de l'indignation contenue et de la douleur la plus amère ; mais mon gendre voulait fuir, emmener sa femme...

— Permettez ! ceci ne serait pas une preuve. Cependant je suis de votre avis ; je connais M. et Mme de Nohan, et jamais le plus léger indice dans leur existence passée n'a pu les faire soupçonner d'un forfait aussi noir. Je les crois donc entièrement innocents, et je dirai plus... j'ajouterai que je les crois à la veille d'être victimes à leur tour comme ont failli l'être, Mme de Versac, son fils et le pauvre orphelin, et comme, si nous ne nous dressons entre eux et l'assassin, ils le deviendront un jour.

— Alors qui donc soupçonnez-vous ?

— Vous avez d'autres parents !...

— Ma belle-sœur et ses deux filles, mes nièces.

— Sans doute.

— Et ce serait elle... une femme dont le caractère est d'une pureté incontestable ; ce seraient ses filles, deux anges de candeur, toutes deux à peines sorties de l'enfance, que...

— *Cherche à qui le crime profite !* dit d'une voix nette le lieutenant de police.

— Mais, Monsieur, elles n'étaient point à Paris alors que les premiers attentats eurent lieu. Ces attentats, elles les ignoraient même, et, à cette heure où je vous parle, ma belle-sœur est seule confidente de mes douleurs, Blanche et Léonore en ignorent la cause...

— Mais, dit M. Lenoir, Blanche et Léonore sont dans

une pauvreté complète ; elle et leur mère sont sous l'entière dépendance de vos bienfaits.

— Et elles reconnaîtraient ces bienfaits dont mon fils l'évêque les a comblées, dont je les comble à mon tour, par les plus odieux des crimes ?

— Je ne dis pas, elles, Monsieur, mais quelqu'un peut aimer l'une d'elles, et vous avouerez au moins que l'homme qui épouserait l'une de vos nièces, devenues les héritières de toute la fortune de votre famille, ferait un beau mariage !

M. Lenoir se tut et regarda fixement le conseiller.

Celui-ci releva le front, et une pensée sinistre sembla assombrir encore sa physionomie.

— J'étais allé déjà dans mes inductions aussi loin que vous venez de le faire, dit-il. Hier, l'un de vos agents m'a suggéré cette pensée, et depuis l'heure où elle est entrée dans ma tête, elle domine entièrement mes facultés.

M. Lenoir ne répondit pas.

— Cette voie nouvelle qui m'a été ouverte, continua M. de Niorres, conduit à un effrayant abîme si elle n'aboutit pas à la vérité.

— Toujours est-il qu'elle mérite d'être éclairée, répondit le lieutenant de police. Est-ce votre avis.

— Cette idée, en écartant la présence d'un criminel dans le sein de ma propre famille, me laisse plus de liberté d'esprit, Monsieur ; cependant elle ne me voit pas convaincu.

— Ni moi, dit vivement M. Lenoir ; nous cherchons en ce moment, Monsieur ; reste à savoir si nous avons trouvé.

Le lieutenant de police se leva de son siège, fit un tour dans sa chambre, comme pour laisser à la pensée qu'il venait d'émettre le temps de germer dans la tête de son visiteur, puis, revenant doucement vers lui :

— Avant d'aller plus loin, dit-il, j'ai quelque chose encore à vous demander... si toutefois vous voulez bien répondre aux questions que je désire vous faire...

— Qu'est-ce donc, Monsieur ? demanda le conseiller avec un certain étonnement.

— Vous m'affirmez, n'est-ce pas, que toute votre famille consiste dans les personnes que je viens de vous nommer ?

— Je l'affirme.

— Ainsi vous ne vous connaissez aucun autre parent à quelque degré qu'il soit ?

— S'il en existe, je l'ignore.

— Et... pardonnez-moi d'entrer ainsi dans les détails intimes de votre existence, mais mon devoir l'exige et votre situation le commande impérativement... Et, reprit M. Lenoir, vous n'avez jamais, obéissant aux mœurs de l'époque, imité la conduite du feu roi, par exemple ?

— Monsieur ! interrompit brusquement le conseiller au parlement, ma conduite privée ne regarde que moi seul.

— Ordinairement oui, sans doute, Monsieur, ajouta vivement le lieutenant de police ; mais dans les circonstances toutes exceptionnelles où vous vous trouvez, il faut bien, pour voir clair, que nous soulevions tous les voiles, même ceux, surtout ceux qui recouvrent des écarts de jeunesse... Or, il y a trente ans que vous avez perdu votre femme, et peut-être... quelque union... secrète...

M. de Niorres se leva brusquement.

— Je n'ai point d'autres parents que ceux que vous connaissez ! dit-il d'une voix ferme, tandis que son front tout à l'heure si pâle s'empourprait des tons les plus vifs.

— Vous en êtes certain, demanda M. Lenoir d'une voix extrêmement incisive.

— Parfaitement certain.

— Alors, excusez-moi, Monsieur, je n'ai plus de nouvelles suppositions à faire.

Et le lieutenant de police rejeta en arrière son siège avec un mécontentement manifeste et une indifférence trop affectée pour être sincère.

— Ainsi, reprit-il, votre visite, Monsieur, n'aurait d'autre but que celui de me faire connaître l'attentat de la nuit dernière ?

— Je vous demande pardon, répondit M. de Niorres ; je désirais prendre votre avis au sujet d'un autre événement touchant cette abominable affaire.

— A vos ordres, Monsieur. Il s'agit de...

— De ce valet dont je vous ai parlé déjà et qui est venu me révéler une première fois l'apparition étrange dont il avait été témoin.

— Ah ! ah ! l'homme qui vous proposait de fuir avec l'orphelin pour le dérober aux coups de l'assassin, et qui prétendait avoir reçu cette mission de ses défunts maîtres ?

— Positivement.

— Eh bien ! est-ce que cet homme aurait eu une seconde vision !

— Oui, Monsieur.

— Quand cela ?

— Cette nuit même ; après la mort de ma sœur.

M. Lenoir se rapprocha de nouveau du conseiller au parlement.

— Racontez-moi cela, dit-il avec vivacité. La conduite de ce valet me paraît bien étrange.

— Vers la fin de la nuit, commença M. de Niorres, après que l'incendie fut éteint et que le corps de ma pauvre sœur eût été transporté dans ma chambre, j'allai me renfermer dans mon cabinet, seul à seul avec les cruelles pensées qui me torturaient. Il y avait une heure environ que j'étais ainsi enfermé avec ma douleur, lorsqu'on heurta doucement à une porte communiquant avec l'intérieur de l'hôtel et dont les domestiques ne se servent ordinairement jamais. Surpris qu'on vînt à moi par cette voie, je me levai et, m'étant approché, je demandai qui était là. Un faible murmure me répondit et je crus entendre nommer : Saint-Jean. J'ouvris aussitôt et je vis entrer dans mon cabinet un homme ayant les cheveux hérissés, la figure bouleversée, les yeux hagards, le corps à demi vêtu et tenant à la main une bougie allumée. Cet homme était Saint-Jean. « Ah ! Monsieur, s'écria-t-il, nous sommes perdus ! Je n'ai pu vous fléchir, et la mort de Mme de Versac et celle de son enfant sont proches. — Que dis-tu, malheureux ? m'écriai-je avec l'accent de la stupéfaction la plus douloureuse. — Ce que je viens d'apprendre ! me répondit-il. J'étais seul tout à l'heure dans l'appartement de Mme de Versac, laquelle se trouve avec ses enfants chez M. de Nohan. Voulant remonter à ma chambre, je pris cette bougie et je gravis l'escalier à vis, lorsqu'au troisième repos, quoi que j'eusse la figure abaissée pour regarder les degrés, j'ai vu ma lumière pâlir et comme un corps m'intercepter le passage. Aussitôt mon cœur a battu violemment, mon sang s'est glacé... J'ai relevé la tête... c'était mon maître qui se dressait devant moi, mais, cette fois, mon maître irrité, furieux... Il a levé la main vers moi, il m'a appelé misérable, mauvais serviteur, mal affectionné de la maison... Puis, en voyant ma terreur, il s'est calmé, m'a ordonné de venir encore vers vous, et de vous désobéir dans le cas où vous ne me permettriez pas de sauver l'enfant orphelin. Je devrais alors le ravir et m'enfuir avec lui pour le mettre en sûreté... Si j'hésitais, a-t-il ajouté, Mme de Versac, sa femme, et son fils allaient périr... Et comme je demeurais foudroyé, anéanti, tremblant, sans répondre, il a cru sans doute que je refusais de suivre ses volontés et il m'a frappé si rudement de ses mains osseuses et décharnées que j'en suis encore tout meurtri... Je me suis sauvé en criant, et me voilà... » Saint-Jean s'arrêta, continua M. de Niorres. Je ne savais que penser ; je l'avoue, les malheurs successifs qui avaient ébranlé mes forces intellectuelles me rendirent moins incrédule que la première fois. Cependant j'hésitais à répondre, je ne pouvais me décider à parler, lorsque Saint-Jean, pour me convaincre de la fidélité de son récit, dépouilla ses vêtements et me mit à même de constater sur ses épaules et sur ses bras d'effroyables plaques noires, jaunes, livides, témoins irréfragables des coups que lui avait portés le fantôme de l'un de mes fils...

— Quoi, interrompit M. Lenoir, vous avez vu, de vos yeux vu, les traces du châtiment !

— Je les ai vues.

— Et Saint-Jean ne vous en imposait pas ?

— Les contusions étaient incontestables.

— Je m'explique la recommandation du valet, dit le lieutenant de police. Il est évident pour moi que si tous ces crimes ont pour objet de s'approprier votre fortune et celle de toute votre famille, comme je ne saurais en douter, la mise en sûreté du chef mâle de vos descendants, l'orphelin de votre premier fils marié, opposerait un obstacle invincible aux projets de l'assassin, et dès lors rendrait vain et inutile tout autre attentat.

— J'ai pensé comme vous, Monsieur, dit le conseiller au parlement.

— Et qu'avez-vous répondu à Saint-Jean ?

— Qu'il se rende aujourd'hui, à six heures du soir, dans mon cabinet, et que je lui donnerais là mes instructions suprêmes. Je voulais, avant, vous voir et vous consulter.

— Vous avez agi fort sagement, Monsieur.

— Me conseillez-vous donc de confier mon petit-fils à Saint Jean ?

— Certes, je vous le conseille.

— Vous croyez alors à la véracité de ses récits ?

— Non, mais je crois que cet homme n'a que d'excellentes intentions.

— Ainsi, selon vous, il aurait menti ?

— Oui et non. Je ne crois pas aux apparitions surnaturelles, pas plus que vous n'y croyez vous-même, Monsieur, mais je ne puis mettre en doute l'excellence du conseil donné par Saint-Jean.

— Cet homme alors saurait quelque chose ?

— Peut-être.

— Ce serait un complice de l'assassin, et je lui confierais mon petit-fils ? s'écria M. de Niorres.

— Pourquoi pas ? S'il a été complice, sa démarche prouve qu'il est repentant et, dès lors, il peut vous être de la plus grande utilité. Réfléchissez ; s'il avait l'intention de vous tromper, pourquoi viendrait-il, en vous priant de lui remettre l'orphelin, assumer ainsi sur sa tête la responsabilité entière d'un crime ? Enlever l'enfant est chose inutile pour le tuer. Ceux qui ont frappé dans votre maison vos fils, leur famille, votre sœur, votre frère, ne doivent pas reculer devant le meurtre de deux créatures faibles et hors d'état de défense. En vous parlant comme il l'a fait, Saint-Jean a donné la preuve de son attachement pour votre famille. D'ailleurs, de deux choses l'une : ou nous sommes dans le vrai en attribuant la succession des crimes accomplis à une honteuse question d'intérêt pécuniaire, et dès lors la sûreté de l'orphelin place, je vous le répète, une barrière insurmontable entre le meurtrier et la réussite de ses projets, ou nous nous trompons, et nous avons affaire à un criminel vulgaire sur la trace duquel nous sommes loin d'être lancés. Si la disparition de l'enfant arrête les empoisonnements, nous aurons deviné juste ; si, au contraire, les attentats se poursuivent, il faudra chercher une autre cause et d'autres coupables ; mais dans l'ignorance où nous sommes présentement, vous n'aurez rien risqué en agissant ainsi que je vous le conseille, puisqu'en éloignant votre petit-fils, vous l'aurez mis hors d'atteinte de la main exterminatrice.

Le conseiller au parlement demeura un moment silencieux et en proie aux réflexions les plus poignantes, puis, relevant la tête et montrant au lieutenant de police sa belle et noble physionomie, sur laquelle se lisait l'expression d'une résolution arrêtée :

— J'avais résolu d'agir ainsi que vous me le conseillez, dit-il ; mais je suis heureux que votre avis soit conforme à mes intentions. Saint-Jean partira ce soir, moi seul saurai en quel lieu il se rendra...

— Il faut faire surveiller cet homme, répondit vivement M. Lenoir. Deux de mes meilleurs agents le suivront cette nuit à sa sortie de votre hôtel, et chaque jour nous aurons un rapport exact et circonstancié.

— Je n'attendais pas moins de votre extrême obligeance, fit M. de Niorres en s'inclinant.

— Ne me remerciez pas, Monsieur. Je ne fais qu'accomplir un devoir. L'enfant en lieu de sûreté, notre surveillance dans l'intérieur de votre maison sera plus active encore, et j'ai la certitude que les circonstances nous mèneront alors droit au but.

— Quoi ! vous pensez...

— Que l'assassin, trompé dans son attente, se découvrira lui-même par quelque imprudence.

— Ainsi, vous ne renoncez pas à votre pensée ?

— C'est plus qu'une pensée, Monsieur, dit le lieutenant de police, c'est une conviction.

— Mais savez-vous bien qui vous accuseriez ? s'écria M. de Niorres avec véhémence. Ma fille et son mari mis en dehors de vos soupçons, flétrissent deux hommes de bonne famille, car, en atteignant mes nièces, ils retombent sur deux jeunes gens qui sont chacun, leur fiancé.

— Ah ! fit vivement M. Lenoir, Mlles Blanche et Léonore sont fiancées ! j'ignorais cette circonstance, qui peut cependant être d'un grand poids ! Je savais qu'elles étaient aimées, mais je ne savais pas qu'elles étaient promises en mariage ; et à qui a-t-on promis leurs mains ?

— Au marquis d'Herbois et au vicomte de Renneville.

— Deux officiers de la marine royale ! ceux qui sont épris si vivement de vos nièces et que l'évêque avait accueillis à Brest ?

— Précisément.

— Ils doivent faire partie tous deux de l'expédition de La Peyrouse ?

— Oui.

— Mais il faudrait que les mariages eussent lieu avant le départ des frégates, et ce départ est fixé au premier août prochain.

— Je le crois.

— Connaissez-vous bien ces deux jeunes gens, Monsieur.

— Fort peu personnellement, mais je sais que mon fils et ma belle-sœur ont eu sur eux les renseignements les plus favorables donnés par le bailli de Suffren en personne.

— Le bailli de Suffren a donné des renseignements précis et favorables sur les officiers de marine, c'est possible ; mais sur les hommes privés, cela lui eût été difficile. Tenez, Monsieur, parcourez ceci.

Et M. Lenoir, prenant sur la table le rapport dont il avait été question précédemment entre lui et Jacquet, le remit aux mains du conseiller au parlement.

Celui-ci l'ouvrit avec étonnement d'abord, puis, après avoir lu quelques lignes, il parcourut le cahier avec une avidité fiévreuse.

— Eh bien ! reprit M. Lenoir, vous le voyez, ces deux jeunes gens, après avoir mené durant de longues années la conduite la plus folle, et après s'être livrés aux dissipations les plus insensées, ne possèdent plus aujourd'hui que des dettes énormes. L'agent qui m'a fait ce rapport en garantit la véracité, et j'ai tout lieu de le croire parfaitement exact. Depuis plusieurs mois, MM. d'Herbois et de Renneville sont poursuivis par des créanciers impitoyables, et menacés, s'ils ne parviennent à payer leurs dettes, de voir leur carrière entravée et l'honneur de leur nom étrangement compromis. Or, pour éviter la honte et la misère, que d'hommes ne reculent pas devant les actions les plus mauvaises !

— Cela est vrai, murmura le conseiller en rejetant le cahier qu'il venait de froisser avec horreur.

— A quelle époque les futurs mariages ont-ils été définitivement arrêtés ? demanda le lieutenant de police ; le savez-vous ?

— Oui. Mon fils, l'évêque, m'a dit que c'était le 26 avril dernier que dans sa maison, à Brest, il avait solennellement fiancé les futurs époux, se réservant, toutefois, de demander mon agrément pour la célébration des mariages, célébration qui devait avoir lieu, mon consentement une fois donné.

— Le 26 avril dernier ? répéta M. Lenoir.

— Oui, Monsieur ; je suis certain de cette date.

— Et la mort de votre premier fils, de sa femme et de ses enfants a eu lieu ?

— Le 6 mai.

— Ainsi, c'est dix jours après l'union arrêtée entre MM. d'Herbois et de Renneville et vos nièces, que le malheur est entré dans votre famille ?

— Cela est vrai ! dit encore M. de Niorres en laissant tomber ses bras.

M. Lenoir et M. de Niorres échangèrent un long regard. Chacun d'eux cherchait évidemment à pénétrer la pensée de l'autre.

— Deux officiers de marine, dit enfin le conseiller au parlement ; deux fils de vieille noblesse du Poitou ! J'ai peine à croire, et cependant, à défaut de preuves, il y a là des probabilités...

— Permettez, interrompit le lieutenant de police, j'applique toujours l'axiome: *Cherche à qui le crime profite !* Or, il est incontestable que si vos deux nièces héritent de tous les biens de votre maison, ceux qui les épouseront feront une alliance digne d'un prince. Donc, si MM. d'Herbois et de Renneville leur sont fiancés, MM. d'Herbois et de Renneville profiteraient de leur immense fortune, et payeraient facilement leurs dettes... à moins que nous ne nous trompions encore, et que l'une de vos nièces eût inspiré à quelque autre une passion intéressée... ou que, ainsi que je vous le disais, il existât quelque membre inconnu... ou non avoué de votre famille.

— Il n'existe personne dans cette condition, dit brusquement M. de Niorres ; je croyais vous l'avoir affirmé.

— Cela est vrai, Monsieur ; aussi n'était-ce qu'une supposition nouvelle.

M. de Niorres se leva.

— Résumons, dit le lieutenant de police ; vous allez confier votre petit-fils à Saint-Jean ?

— Oui, dit le conseiller en soupirant.

— Vous seul connaîtrez le lieu de refuge ?

— Ni ma fille, ni mon gendre, ni ma bru, ni ma belle-sœur, ni mon frère ne seront mis dans le secret.

— Bien. A quelle heure Saint-Jean partira-t-il ?

— De dix heures à minuit.

— A partir de dix heures deux agents seront prêts à le suivre sans qu'il puisse se douter de cette surveillance, et si vous voulez bien venir me trouver ici après demain à pareille heure, vous aurez connaissance du premier rapport que j'aurai reçu.

Le conseiller au parlement s'inclina pour prendre congé.

— Je crois, dit M. Lenoir, qu'il est convenable de violer l'étiquette aujourd'hui. Si je vous reconduisais jusque dans la cour de l'hôtel, votre présence serait trop remarquée, et nous devons nous garder de donner l'éveil.

— C'est mon avis, répondit M. de Niorres. A après-demain donc, et Dieu veuille que d'ici là je ne sois pas contraint à venir vous faire une visite nouvelle.

Les deux hommes se saluèrent, et le conseiller au parlement sortit lentement du cabinet du lieutenant de police.

XII

M. PICK

— Le vicomte et le marquis sont-ils réellement coupables? se dit M. Lenoir demeuré seul dans son cabinet. Tout le fait supposer! Cependant, ce que M. de Suffren disait d'eux hier !... Que croire dans cette ténébreuse affaire? Les crimes sont là patents, irrécusables ! Ils crient vengeance ! Et cette lugubre histoire qui se répand déjà parmi le public ! Porter accusation contre deux gentilshommes, c'est décrier la noblesse au moment où le tiers-état relève une tête envieuse, où le peuple ne demande qu'à fouler aux pieds les titres et les parchemins !..... Ne pas les accuser quand tous les soupçons planeront sur eux, c'est donner gain de cause à ceux qui crient à la partialité en faveur des classes privilégiées, c'est ameuter tous les esprits déjà si montés contre mon administration, contre la justice du roi !... Quel parti prendre ?

M. Lenoir se frappa le front avec une expression manifeste d'inquiétude et de mécontentement.

— C'est comme cet enlèvement de la *jolie mignonne*, reprit-il après un moment de silence ; une autre affaire tout aussi nébuleuse ! Encore un gentilhomme peut-être à accuser !... Mais celui-là est puissant ! Est-ce lui l'auteur de cet attentat ?... Voyons ce que disent ces rapports !...

Et M. Lenoir courut à son bureau, il fouilla avec une activité fébrile au milieu d'une collection de dossiers placés sur le meuble, et, se saisissant de deux cahiers, il revint près de la fenêtre.

— Jacquet se trompe-t-il ou m'a-t-il trompé ? dit-il en feuilletant les manuscrits l'un après l'autre. Pick avait-il raison ou pensait-il m'en imposer ? Lequel croire ? Deux rapports sur cette affaire Bernard, et tous deux complétement différents, tous deux diamétralement opposés l'un à l'autre !

M. Lenoir froissa les papiers dans ses mains crispées.

— L'un, continua-t-il, accuse le favori, l'ami, l'intime compagnon d'une Altesse... l'autre déclare ce gentilhomme entièrement innocent. Jacquet prétend que la fille du teinturier Bernard a été enlevée pour servir à une intrigue ourdie avec une hardiesse infernale... Pick affirme que l'homme dénoncé par Jacquet est étranger à l'affaire de la *jolie mignonne*. Morbleu ! je ne me trompe pas cependant, voici bien les deux rapports : ils sont clairs, précis et contradictoires...

Le lieutenant de police frappa vigoureusement de

son talon rouge le tapis épais qui recouvrait le plancher.

— Corbleu ! fit-il avec impatience, que Jacquet n'a-t-il tort, que Pick n'a-t-il raison ! Sévir contre cet homme serait impossible ; je renouvellerais la fable du pot de terre contre le pot de fer ; je me créerais un ennemi puissant, implacable... et qui sait, avec les intentions que je connais à Son Altesse, ce que le duc peut devenir un jour ? Quant à l'affaire de Niorres, tous deux sont unanimes pour accuser, quoique sans preuves matérielles, les deux officiers de marine... Cependant Pick affirme que le conseiller dissimule dans l'ombre, avec une obstination sans égale, un membre de sa famille qu'il ne veut ou ne peut avouer... A-t-il tort ? Mais, en ce qui touche le marquis d'Herbois et le vicomte de Renneville, son rapport est aussi clair et aussi précis que celui de Jacquet. Il fournit même des preuves incontestables. Morbleu ! qu'il les donne ces preuves et j'agis en conséquence ! Frapper ces deux hommes, après tout, serait possible ! Aucune influence redoutable de leur côté ; puis avec ces doctrines philosophiques qui abondent et qui farcissent tous les esprits, la punition publique, exemplaire, de deux membres de la noblesse, serait peut-être d'un excellent effet. Ils parlent d'égalité dans leurs écrits... ils seraient satisfaits au moins... Corbleu ! on jurerait que le diable en personne se mêle de cette intrigue !

Et M. Lenoir rejeta violemment, sur le bureau, les dossiers qu'il venait de feuilleter. Puis, après avoir réfléchi durant quelques minutes, il se dirigea vers la cheminée et agita l'un des cordons de sonnette retombant de chaque côté du majestueux chambranle. Un valet parut sur le seuil de la porte.

— Pick ! dit simplement M. Lenoir.

Le valet disparut aussitôt, et le lieutenant de police se laissa retomber sur les moelleux coussins de l'ottomane en laissant errer autour de lui ses regards vagues et pour ainsi dire sans rayons.

La porte que le valet avait fermée se rouvrit doucement sous une pression discrète, et un personnage souple d'allure, léger de démarche, dissimulant sa taille en se tenant presque courbé en deux, se faufila lestement dans le cabinet de M. Lenoir.

Ce nouveau venu pouvait avoir environ trente ans à en juger par l'inspection des traits du visage ; mais un portrait détaillé et ressemblant de ce visage semblait une œuvre impossible à accomplir, tant cette physionomie étrange était douée d'une mobilité insaisissable. Un grimacier de profession se fût applaudi de posséder un tel masque, et, ici, masque est le mot propre, car il paraissait réellement impossible de croire, en regardant deux fois cette figure, que l'on avait devant soi un seul et même individu.

Tantôt ce visage bizarre était long et étroit comme la lame d'un couteau ; tantôt il était large et carré comme s'il eût été écrasé sous l'effort d'une presse. Au premier coup-d'œil on le trouvait ovale, au second il se présentait rond comme une pleine lune. La bouche, les yeux, le nez, subissaient également des transformations pareilles, s'agrandissant, se rapetissant, se recoquillant avec une rapidité inouïe et une facilité merveilleuse. Ce n'était pas une tête formée à l'aide d'une charpente osseuse et recouverte de chair, c'était une véritable boule de gomme élastique, subissant toutes les formes sous toutes les pressions.

Le corps long, maigre, fluet, d'une ténuité indicible, semblait prêt à se casser en morceau à chaque mouvement, à chaque geste. Si la tête eût fait la joie d'un grimacier, le corps eût fait, certes, l'allégresse d'un clown. Sans doute, M. Lenoir était habitué à cette apparition qui tenait du fantastique, car il ne montra pas le moindre étonnement à l'entrée du personnage.

— Pick ? dit-il d'une voix brève.

Celui qui répondait à cette appellation originale, se redressa et se courba avec les mouvements d'un animal appartenant au genre ophidien.

— J'ai lu votre rapport, continua le lieutenant de police.

— Alors, monseigneur est satisfait ? dit Pick avec un sourire gracieux.

— Je n'en sais rien encore, car j'ai des doutes sur sa véracité, en ce qui concerne l'affaire de Niorres.

— Monseigneur insulterait son très-humble serviteur en doutant de sa fidélité, dit Pick en se redressant, mais cette fois sans se recourber ensuite.

— Vous accusez de crimes odieux deux gentilshommes, deux officiers de Sa Majesté.

— Hélas ! fit l'agent en étouffant un soupir.

— Une telle accusation doit être soutenue par des preuves.

— Je le sais, monseigneur.

— Et bien ! ces preuves, vous les avez promises !

— Je les aurai !

M. Lenoir se leva vivement.

— Vous aurez des preuves, dit-il à voix basse, que MM. de Renneville et d'Herbois sont les auteurs des empoisonnements commis à l'hôtel de Niorres ?

— Oui, monseigneur ! répondit Pick avec une froideur de glace.

— Des preuves palpables, authentiques, pouvant servir en justice ?

— Des preuves réelles et indiscutables ?

— Comment les aurez-vous ?

— Je ne le sais pas encore, mais j'ai la certitude que de nouveaux événements se préparent, j'ai dressé mes plans en conséquence, j'ai tendu mes filets, et j'aurai les preuves que j'ai l'honneur de promettre à monseigneur.

— Ainsi, dit encore M. Lenoir, ces deux hommes sont bien réellement coupables ?

— Ils le sont, j'en réponds !

Le magistrat réfléchit durant quelques instants.

— Et l'affaire Bernard ? reprit-il en changeant de ton.

— Aucune nouvelle ! répondit Pick.

— On ne peut savoir ce qu'est devenu l'enfant ?

— Je n'ai trouvé aucune trace.

— Cependant, il est impossible que sous une administration comme la mienne et dans une ville comme Paris, capitale du royaume, une petite fille disparaisse sans qu'il soit possible de savoir ce qu'elle est devenue.

— Monseigneur veut-il connaître toute ma pensée à cet égard? demanda Pick.

— Parlez! Dites tout sans crainte! fit le lieutenant de police avec vivacité.

— J'ai la persuasion intime et fortement motivée par les recherches auxquelles je me suis livré, continua l'agent, que la disparition de la *jolie mignonne* n'est que momentanée et je crois à une comédie habile jouée par les parents qui désiraient faire des dupes! Cependant, je l'avoue, ceci n'est qu'une opinion qui m'est toute personnelle!

— Alors, s'écria M. Lenoir emporté malgré lui par ses pensées, le rapport de Jacquet est donc faux?

— De toute fausseté, s'il dit le contraire de ce que le mien affirme, répondit Pick.

— L'homme que je vous ai chargé de surveiller?

— L'ami de Son Altesse?

— Oui.

— Entièrement innocent.

— Prenez garde d'égarer ma bonne foi!

— Je n'ai rien à craindre à cet égard, monseigneur.

M. Lenoir regarda fixement l'agent, puis reprenant la parole et revenant à un autre ordre d'idées :

— Dans combien de temps pouvez-vous me donner les preuves dont vous parlez relativement à l'affaire de Niorres? demanda-t-il.

— Dans deux fois vingt-quatre heures, répondit Pick sans hésiter.

— Alors, dans quarante-huit heures MM. d'Herbois et de Renneville seront à la Bastille.

— Si je n'apporte pas les preuves demandées, monseigneur pourra m'y envoyer coucher à leur place.

— C'est ce qui pourrait en effet vous arriver si vous ne justifiez pas la véracité de votre rapport.

— Alors, monseigneur, je dormirai dans mon lit.

— De quoi avez-vous besoin pour atteindre votre but ?

— De rien, monseigneur, je me charge de tout.

— Très-bien, Pick. Il y aura mille livres pour vous si vous réussissez !

M. Lenoir fit un geste et Pick sortit comme il était entré, en disparaissant avec la légèreté d'une ombre.

— Je donnerais mille louis pour que cet homme ne se trompât pas dans ses assertions ! dit le lieutenant de police. Qu'il réussisse, lui ; que Jacquet étouffe l'affaire de l'enfant volé ou que Pick me donne l'assurance de la comédie dont il parle, que je puisse dire après-demain au roi que l'auteur des libelles est enfermé à la Bastille, j'aurai satisfait tout le monde... En attendant, il faut que je fasse surveiller par quelqu'un d'habile et de sûr le valet auquel M. de Niorres doit confier son petit-fils. Cet homme est plus important qu'il ne paraît et ses prétendues visions me semblent de bons et solides témoignages contre lui. Il a dû participer aux premiers crimes, s'il refuse d'être pour quelque chose dans ceux qui restent à accomplir. Je veux voir ce Saint-Jean.

Et sans se lever pour avoir recours au cordon de la

sonnette, le lieutenant de police étendit le bras et frappa sur un timbre placé à sa portée.

Le même valet, qui était déjà venu, entra dans le cabinet.

— Appelez Fouquier ! dit M. Lenoir.

XIII

L'AVENUE DE LA REINE

Au moment où le lieutenant de police avait sonné, pour ordonner que l'on introduisît près de lui M. Pick, le conseiller au parlement, quittant l'hôtel de la rue Maurepas, marchait lentement sur le pavé de Versailles, se dirigeant vers l'avenue de la Reine.

Complétement absorbé dans ses pensées, M. de Niorres n'accordait aucune attention à ce qui se passait autour de lui, aussi ne put-il remarquer que, lorsqu'il eut franchi le seuil de l'hôtel, un valet en petite livrée (un grison comme on disait alors, pour désigner un domestique ne portant pas les couleurs de son maître), un valet, qui stationnait de l'autre côté de la rue, s'était détaché de la muraille contre laquelle il se tenait appuyé, et s'était mis en marche, réglant son pas sur celui du conseiller.

Ainsi suivi sans qu'il s'en doutât, M. de Niorres avait

continué sa route, toujours et de plus en plus absorbé dans ses funèbres rêveries.

Où allait-il ? Peut-être l'ignorait-il lui-même, lorsque parvenu sur le bas-côté de l'avenue de la Reine, il entendit le murmure de deux voix émues qui le saluaient par son nom, et deux ombres, se projetant devant ses yeux abaissés vers la terre, lui indiquèrent que le chemin lui était barré par la rencontre de deux hommes.

M. de Niorres releva lentement la tête. Le marquis d'Herbois et le vicomte de Renneville se tenaient en face de lui, le chapeau à la main.

Sans doute le conseiller reconnut les deux officiers de marine au premier coup-d'œil et sans doute aussi les pensées provoquées à leur égard par M. Lenoir surgirent en foule dans son esprit, car il tressaillit brusquement et une rougeur légère envahit ses joues creusées.

— Que me voulez-vous, Messieurs ? demanda-t-il d'une voix grave et sévère.

— Monsieur, dit le marquis, vous ignorez sans doute qui nous sommes ?

— Non, Messieurs, je ne l'ignore pas, répondit le conseiller.

— Alors, reprit le jeune officier, vous savez également, Monsieur, que nous nous sommes présentés plusieurs fois à la porte de votre hôtel, sans avoir eu l'honneur d'être reçus par vous.

— Des affaires de famille, Messieurs, m'ont privé de cet honneur, répondit M. de Niorres.

— Mais, ajouta le vicomte, c'est précisément d'affaires de famille que nous avons, Monsieur, à vous entretenir.

— Plus tard, Messieurs, je vous accorderai toute mon attention, mais en ce moment...

— Pardonnez-nous notre insistance, dit le marquis, ce que nous avons à vous dire ne souffre aucun retard.

— Je crois que vous vous trompez, Messieurs, car moi, je n'ai rien à entendre.

— Monsieur, dit le vicomte, ne savez-vous donc pas qu'un projet d'union, arrêté sous les auspices même de Monseigneur l'Evêque, devait faire de nous vos neveux?

M. de Niorres s'inclina sans répondre. Il était évident que cet entretien le fatiguait. Cette évidence était même tellement limpide que le marquis sentit le rouge de la colère lui monter au front. Cependant il parvint à se contraindre.

— Monsieur, dit-il d'une voix ferme, il faut que le vicomte et moi vous parlions sur l'heure.

Le conseiller se redressa de toute la majesté de sa haute taille.

— Je n'ai pas le loisir de vous accorder cet entretien ! répondit-il.

— Monsieur, il le faut, je le répète.

— Oui, il le faut, ajouta le vicomte avec impatience, car si, d'une part, nous avons le droit de vous demander la cause du refus qui nous a été fait d'être reçus dans votre maison ; de l'autre, nous avons le droit également, et ce droit, c'est notre amour qui nous le donne, de veiller sur Blanche et sur Léonore et de les préserver de la mort suspendue sur leur tête !

— Monsieur ! dit le conseiller avec une violence extrême.

— Nous savons tout ! se hâta d'ajouter le marquis. Un hasard nous a révélé ce matin même l'horrible vérité, c'est pourquoi, Monsieur, il faut que nous vous parlions sur l'heure !

Le conseiller était redevenu parfaitement maître de de lui-même.

— J'ignore ce que vous voulez dire, répondit-il, et je ne comprends pas l'insistance que vous mettez près de moi...

— Quoi ! vous refusez de nous entendre ? s'écria le vicomte.

— Je refuse, Messieurs, car les affaires de ma famille me concernent seul.

Le vicomte et le marquis se regardèrent : le conseiller fit un pas en avant pour s'éloigner. M. d'Herbois le toucha doucement au bras.

— Je vous répète, Monsieur, dit-il d'une voix tremblante d'émotion, que nous savons tout, que nous aimons Blanche et Léonore, que la mort qui est entrée dans votre maison les menace sans doute toutes deux et que nous sommes résolus à tout faire pour leur éviter un danger aussi imminent. Le temps presse; l'heure fatale peut sonner à chaque instant, il faut, Monsieur, que vous vous rendiez à nos désirs. D'ailleurs, on n'éconduit pas ainsi deux hommes de naissance, deux officiers du roi de France et, si ce n'est pas assez de ces titres pour avoir droit à la faveur que nous sollicitons, j'ajouterai que c'est au nom de la *Madone de Brest* que nous exigeons de vous un entretien immédiat.

M. de Niorres était pâle, mais, en écoutant la dernière partie de la phrase prononcée par le marquis, il était devenu livide.

— La *Madone de Brest* ! balbutia-t-il.

— Oui ! répondit nettement M. d'Herbois.

Le conseiller courba la tête et un tremblement convulsif agita tout son être.

— Je suis prêt à vous entendre, Messieurs, dit-il d'une voix presque éteinte.

Le marquis lança un regard étincelant sur le vicomte.

— Cette avenue est peu propice à l'entretien que nous allons avoir, dit M. de Renneville. Vous plairait-il de gagner les bois qui entourent Trianon. Là nous serons libres et nous ne craindrons en aucune façon les oreilles indiscrètes.

— Monsieur, prenez mon bras, dit vivement le marquis en remarquant l'émotion extrême qui anéantissait les forces du vieillard.

Et, saisissant le bras du conseiller, il le passa sous le sien avec un empressement respectueux et sans que M. de Niorres opposât la moindre résistance.

— La *Madone de Brest* ! répétait-il en se parlant à lui-même. Oh ! mon Dieu ! vous qui avez été témoin du repentir, n'aurez-vous donc pas pitié du coupable et laisserez-vous éternellement le châtiment suspendu sur sa tête ?

Le marquis entraînait doucement le malheureux

vieillard. Le vicomte marchait de l'autre côté de M. de Niorres. Tous trois se dirigeaient vers la grille donnant sur l'avenue de Trianon, mais aucun d'eux ne remarqua le grison qui avait jusqu'alors suivi le conseiller au parlement et qui, laissant entre lui et les trois personnages une distance convenable, les suivait encore en longeant les arbres qui bordaient la route et en se dissimulant avec soin derrière leurs troncs noueux.

XIV

LA PLACE D'ARMES

Le château de Versailles est, chacun le sait, bâti sur le point le plus élevé de la ville. En avant s'étend la vaste *place d'armes*, de laquelle partent trois longues avenues formant l'éventail.

La première, arrivant en ligne droite vis à-vis du Palais, traversant la ville dans la direction de l'est à l'ouest et la divisant en deux parties égales, se nomme aujourd'hui, et se nommait également durant le siècle dernier, *l'avenue de Paris*. La seconde, à droite, est *l'avenue de Saint-Cloud*, traversant le quartier Notre-Dame, la partie la plus neuve de la ville. La troisième, à gauche, d'étendue moindre que les précédentes, se nomme *l'avenue de Sceaux*.

Dans l'espace qui sépare ces deux avenues de celle de Paris, à leur débouché même sur la place d'Armes, s'élèvent deux bâtiments vastes, bien construits, d'apparence grandiose, et qui sont occupés maintenant, l'un par des escadrons de cavalerie, l'autre par un régiment d'artillerie de la garde ; mais en 1785, ces deux bâtiments ayant conservé la destination pour laquelle ils avaient été primitivement créés, étaient désignés sous les noms de : les *Grandes* et les *Petites Écuries*.

Bâties par Mansard, en 1679, ces deux dépendances de la demeure royale complétaient, avec les trois avenues, un magnifique coup-d'œil offert aux habitants du château.

Outre ces trois avenues, plantées chacune de quatre rangées d'arbres, deux boulevards contribuaient encore à l'aspect solennel des approches du palais, le *boulevard de la Reine*, tracé en 1775 et s'étendant de la plaine de Trianon à l'avenue de Picardie, et le *boulevard du Roi*, qui, coupant le précédent, forme maintenant la continuation de la rue des Réservoirs.

En face des écuries s'ouvrait la majestueuse grille de la royale résidence donnant accès dans la *Cour des ministres* (aujourd'hui cour des statues). C'était devant cette cour que stationnaient les *chaises bleues*, lesquelles transportaient, moyennant six sols, jusqu'aux vestibules des escaliers de marbres, les personnes auxquelles leur rang ne permettait pas d'arriver en voiture jusque dans la *cour royale*.

Nous avons dit dans notre premier chapitre que le droit de circulation sur la route de Paris à Versailles était rigoureusement interdit à tous véhicules publics, à l'exemption des *carrabas* et des *pots-de-chambre*.

Dans la ville même, ce réglement était religieusement appliqué. A Versailles donc on ne trouvait aucune voiture de place. Seuls les carrosses des seigneurs et les deux véhicules ci-dessus désignés avaient le droit de rouler sur le pavé des avenues. Mais, si l'élite de la noblesse avait le privilège de pouvoir franchir, sans mettre pied à terre, la distance séparant l'entrée de la cour des Ministres de celle des vestibules de la cour de Marbre, il n'en était pas de même pour la majorité des gentilshommes et des dames formant le gros de la Cour.

On ne pouvait exiger cependant que tous ces élégants courtisans traversassent à pied, par les temps de pluie et de poussière, la longue série des cours pour pénétrer dans le palais, aussi avait-on autorisé l'établissement des *chaises bleues* et des *brouettes*.

Bon nombre de grandes dames avaient leurs chaises dorées et armoiriées.

Pour tracer une ligne de démarcation bien distincte entre les véhicules privés et les véhicules publics on obligea ces derniers à être uniformément peints en bleu clair : de là leur dénomination de *chaises bleues* et *brouettes bleues*.

La chaise exigeait deux porteurs ; la brouette, suspendue sur deux roues, était traînée par un seul homme. Chaises et brouettes bleues stationnaient sur la place d'Armes en attendant pratique. Les gens de cour, ne jouissant pas du privilège si ambitionné des grandes entrées, descendaient de leurs équipages en face de la grille dorée et louaient une chaise ou une brouette pour traverser la cour Royale et la cour de Marbre.

A l'heure où M. de Niorres, obéissant au désir exprimé par les deux officiers de marine, s'engageaient avec eux dans les bois de Trianon, suivi toujours et sans qu'il s'en doutât par l'espèce d'espion attaché à sa marche, les cours du palais offraient l'aspect le plus animé.

Il y avait, ce jour-là, réception extraordinaire chez le roi de France, réception qui devait être suivie d'un grand couvert et à laquelle étaient conviés, non-seulement les courtisans et les représentants des puissances étrangères, mais encore bon nombre de gentilshommes de province admis à l'honneur de la présentation. Aussi l'avenue de Paris et celle de Saint-Cloud étaient-elles envahies par des nuages de poussière au travers desquels on apercevait de brillants carrosses entraînés par de rapides attelages et surchargés de valets aux éclatantes livrées.

Dans la cour de Marbre, dans la cour Royale, dans celle des Ministres, les chaises et les brouettes se croisaient, se suivaient, se dépassaient au milieu d'une foule multicolore de domestiques et de soldats. Les carrosses des grands seigneurs arrivaient au grand trot, faisant une brusque trouée au milieu de ce monde ; les chaises dorées prenaient le pas sur les chaises bleues ; les coureurs, les heiduques, les jockeys, dont la mode était toute récente, se pavanaient au soleil, faisant miroiter à plaisir les dorures dont leurs habits étaient surchargés. Partout enfin l'animation la plus vive égayait la résidence royale.

Sur la place d'Armes, un flot de curieux, promeneurs inoccupés, étrangers, provinciaux se pressaient devant la grille, s'efforçant de ne pas perdre un coup d'œil du spectacle qu'ils contemplaient avec des regards ébahis.

Au premier rang de ces curieux se tenaient deux hommes, tous deux remarquables par leurs allures franches, vives et décidées bien que fort différentes l'une de l'autre, mais qui, à en juger par l'énergie avec laquelle ils maintenaient leur place, avaient dû certes la conquérir par la toute puissance de leurs épaules carrées et de leur mains épaisses.

Le premier de ces deux hommes portait l'uniforme de soldat aux gardes françaises : c'était un beau et grand garçon d'une trentaine d'années, au visage plein, aux yeux vifs, à l'expression déterminée. L'autre, plus âgé peut-être de quelques années, était de taille plus petite, mais son buste athlétique, ses jambes courtes et bien campées, ses bras énormes décelaient une force musculaire peu commune.

Il portait le costume des matelots de la marine royale, et ce costume, si peu connu à cette époque des habitants de l'intérieur des terres, attirait sur lui tous les regards.

Au reste, à défaut de l'uniforme, l'homme valait certes la peine d'un examen attentif de la part des badauds de Versailles, car jamais type plus complet, plus saisissant du véritable homme de mer, n'avait dû s'offrir à leurs regards étonnés.

Sa tête surtout eût paru superbe à un peintre ami du

genre énergique et peu soucieux de ce genre *mignard* que Boucher avait si fort contribué à mettre à la mode, bien qu'un autre artiste lui eût donné son nom. Son front était large et carré, son nez petit et extrêmement retroussé, ses épais sourcils abritaient deux petits yeux bleus vifs et pétillants ; sa bouche grande, aux lèvres épaisses et vermeilles, était garnie de dents qu'eussent enviées bien des duchesses ; son menton, carré comme le front et fortement accusé, complétait l'ensemble de cette physionomie à laquelle une teinte violemment basanée de la peau donnait le caractère le plus original. La bonté, la naïveté, la franchise se lisaient sur ce visage mobile, comme si les noms de ces belles et précieuses qualités y eussent été tracés en gros caractères.

La tête renversée en arrière, la poitrine au vent, les coudes en dehors, les mains enfoncées dans les poches de sa culotte flottante, les jambes écartées, les pieds fortement posés sur la terre, le corps bien assis sur ses hanches, le matelot demeurait immobile au milieu de la foule qui l'entourait sans paraître se soucier le moins du monde de l'attention qu'il provoquait.

Les voitures, les chaises, les brouettes défilaient sous ses yeux, et, à chaque équipage richement doré que rencontraient ses regards, il faisait résonner une vigoureuse parole d'admiration naïve dont ses voisins semblaient aussi étonnés que si le digne homme eût formulé sa pensée dans une langue inconnue.

A deux pas du matelot, les deux coudes appuyés sur l'entablement de pierre de la grille, on voyait un petit homme dont l'aspect général du corps représentait assez volontiers celui d'une grosse boule, tant les lignes offraient peu d'angles, tant les bras et les jambes étaient écourtés, le ventre arrondi, le col enfoncé et la tête aplatie dans les épaules. Effectivement, tout était rond dans la structure de ce singulier personnage ; tête, yeux, menton, corps, pieds, mains. Il ne devait pas marcher, il devait rouler.

Portant le costume adopté par la petite bourgeoisie de cette époque, le voisin de droite du matelot écarquillait ses petits yeux pour mieux contempler celui dont il frôlait la vareuse, et tendait ses grandes oreilles en s'efforçant de ne rien perdre des observations que laissait échapper à chaque instant le matelot ; mais à l'expression de sa physionomie, il était aisé de deviner qu'il ne comprenait absolument rien à ce qu'il voyait et à ce qu'il entendait.

De temps à autre il se retournait vers un second bourgeois placé comme lui au premier rang des curieux, et son regard interrogateur paraissait demander instamment une explication de l'énigme qu'il s'efforçait, mais en vain, de déchiffrer ; regard, nous devons le dire, prodigué en pure perte.

Il y avait longtemps déjà que le matelot contemplait le riche coup-d'œil que présentaient les cours du palais, lorsque son compagnon, le soldat aux gardes françaises, lui frappa rudement sur l'épaule.

— Allons, vieux ! dit-il d'une voix engageante, il est l'heure de dîner ; l'estomac bat le rappel, le festin doit être prêt, et la mère Lefebvre n'aime pas qu'on laisse brûler sa cuisine. Filons !

— Laisse donc ! répondit le matelot avec ce mouvement d'épaule particulier aux gens de mer, laisse donc ! le mouillage est bon ! la brise adonne ! Je m'embosse ici jusqu'à ce que le quart du soir soit piqué ! C'est donc pas amusant, dis, de faire le relèvement de toutes ces bottes qui éclaboussent l'œil ? D'ailleurs tu connais la consigne ? Je veux voir mon amiral ; je ne démarre pas sans ça. Patience ! si t'as la cale à vide, prends un ris dans la basane de ton ventre, et ouvre l'œil pour t'amuser.

— Prendre un ris dans la basane de son ventre ! murmura le bourgeois arrondi en se penchant vers son voisin. Bon Dieu ! qu'est-ce que cela veut dire ? monsieur Gervais, y comprenez-vous quelque chose ?

— Absolument rien, cher monsieur Gorain, répondit M. Gervais. Je comprends qu'on prenne un riz au lait ou au gras, mais dans la basane d'un ventre !

Les deux bourgeois se regardèrent chacun en ouvrant des yeux énormes, et, levant les bras vers le ciel, ils firent un double geste décelant leur stupéfaction profonde.

— Ah çà ! dit le soldat en riant et s'adressant au matelot, c'est donc sérieux, Mahurec ? Tu veux voir le bailli de Suffren ?

— Un peu que je dis. C'est une idée qu'est amarrée là, dans ma boussole, à quatre amarres, et on me mettrait plutôt en mâchemoure, vois-tu, Lefebvre, que de la déhaler de mon cerveau !

— Mâche... quoi ? fit M. Gervais en tirant le bras de M. Gorain.

— Mâche l'amour, je crois, répondit timidement le premier bourgeois.

— Mâche l'amour ? Je n'ai jamais entendu dire qu'on mâchait l'amour.

— Ni moi, monsieur Gorain, ni moi !...

Un bruyant éclat de rire du matelot interrompit l'observation de M. Gervais.

— Ah ! vieux ! s'écria Mahurec en désignant du geste un énorme heiduque servant de coureur à quelque courtisan dont l'équipage roulait sur le pavé de la cour des Ministres. Ah ! vieux ! relève-moi donc un peu ce négrier qui s'attrape à courir sous le vent de cette carriole plus reluisante qu'un *habitacle* de boussole. Est-il pavoisé dans le grand ce caïman-là, avec sa face de vent debout. Quel *gabarit* numéro un ! Toutes voiles dehors, quoi ! Et cet *espar* doré ! quel suif ! Mais relève donc un peu cet *arrimage* !

Mahurec montrait la canne à pomme d'or que brandissait le coureur. M. Gorain et M. Gervais avaient écouté bouche béante la série d'exclamations admiratives du marin.

— Une part de suif en *carabi* ! dit M. Gervais. Cet heiduque n'a cependant pas sur sa brillante livrée la moindre tache de graisse.

— Et, ajouta M. Gorain, il parle à chaque instant de le relever ; il me semble qu'il est très ferme sur ses jambes, car c'est un très beau coureur.

— Il l'a appelé animal, je crois...

— Non, dit M. Gorain ; il l'a appelé *amirage*.

— *Amirage* ? qu'est-ce que cela veut dire ?

— Peut-être est-ce parce que l'heiduque court vite, qu'il a voulu dire qu'il courait avec rage... qu'il était ami de la rage.

— C'est possible, murmura l'autre bourgeois ; mais cet homme est très étonnant.

— C'est peut-être un étranger, hasarda M. Gorain ; cependant il dit de temps à autre quelques mots français...

— Oui, mais il s'explique presque toujours en langue étrangère... Je le crois Allemand...

— Ou Espagnol...

— Monsieur le lieutenant de police ne devrait pas laisser circuler librement de tels individus, monsieur Gervais, dit M. Gorain d'un air capable.

— Pourquoi donc ?

— Parce que, parlant ce langage si extraordinaire que personne ne comprend, les gens de cette espèce peuvent s'entendre très bien entre eux, au nez et à la barbe de tout un chacun, pour tenter un mauvais coup. Ainsi, continua le bourgeois encouragé par l'approbation de son interlocuteur, ainsi, on ne m'enlèvera pas de l'idée que les événements qui, à chaque instant nous désolent à Paris, ne proviennent d'une bande de malfaiteurs. Voyez plutôt ! Ce pauvre Bernard n'a pas encore retrouvé sa fille...

— C'est vrai ! Quelle enfant superbe ! Est-ce malheureux ! Est-ce qu'on ne fait pas toutes les démarches ?

— Si fait ; mêmement que M. Danton, vous savez, mon locataire du troisième, sur la cour?...

— Oui. Eh bien ?

— Il s'est chargé de poursuivre les recherches, et il doit, à cette heure où je vous parle, consulter à cet égard un de ses amis qui est de passage à Versailles.

— Qui cela ?

— Un petit avocat d'Arras qui, il paraît, a quelquefois des idées.

— Dieu veuille qu'il réussisse, monsieur Gorain !

— Dieu vous entende, monsieur Gervais ! Ce pauvre Bernard et sa femme sont dans un état à fendre l'âme ! Leur garçon, ce petit bonhomme qui s'appelle Jean, vous savez, se montre bien dévoué pour eux. Au reste, j'aurai tantôt des nouvelles, car je dois voir M. Danton avant son retour à Paris.

— Et vous pensez, monsieur Gorain, que ce sont des malfaiteurs qui ont commis ce rapt ?

— C'est évident, monsieur Gervais. C'est pourquoi je dis que la police devrait faire plus attention à tous ces gens qui usent le pavé de Paris sans qu'on sache ni d'où ils viennent ni où ils vont.

— Et, ajouta M. Gervais en baissant la voix, vous croyez que cet homme qui cause là avec ce soldat...

— Je ne dis rien, monsieur Gervais ; mais vous avouerez que les honnêtes gens doivent parler entre eux un langage intelligible, et celui qui me coudoie...

M. Gorain n'osa pas achever sa pensée, mais son geste expressif la compléta.

Pendant ce temps, Mahurec continuait ses exclamations et sa conversation, sans supposer que ses voisins étaient sur le point de le prendre pour un affilié à une bande de brigands, supposition, hâtons-nous de le dire, qui eût fait sourire de dédain le digne et honnête matelot.

— Je te dis que je l'aborderai en grand ? criait Mahurec.

— Mais, répondit le soldat, le bailli de Suffren ne t'écoutera pas !

— De quoi ! fit le marin en se retournant avec un geste si brusque qu'il fit osciller la foule derrière lui, de quoi ? mon amiral pas écouter son matelot ? Eh bien ! ça serait du propre !

— Mais il ne te donnera pas audience comme cela dans la cour du château !

— Pourquoi donc pas ? Que je relève seulement sa boîte à quatre roues, je te cours une bordée dessus : Voilà, mon amiral ! c'est Mahurec, votre vieux gabier, qu'a quelque chose à vous larguer dans le pertuis de l'entendement ! Et qu'il sera flatté, que je dis, et qu'il fera mettre sa boîte en panne !

— Entendez-vous ? dit vivement M. Gervais à son ami. Il dit qu'il fera des boîtes avec de la panne. Jusqu'ici j'avais cru qu'avec cette étoffe on ne pouvait faire que des habits.

— Il veut peut-être parler de la panne, graisse du porc, fit observer M. Gorain.

— C'est possible ; mais je ne comprends pas davantage.

— Ni moi.

— D'ailleurs et d'une, reprit Mahurec en s'animant, faut que je mette le cap dessus. Je m'ai promoyé de Brest à Paris comme un cabillot (1) pour lui larguer

(1) Fantassin, suivant le langage des marins.

doux mots, et, tonnerre ! je les lui larguerai ou on verra bien !

— Il dit qu'il vient de Brest ! murmura M. Gorain à l'oreille de M. Gervais. Serait-ce donc un galérien évadé ?

— Et il dit qu'il est venu de Brest à Paris comme un cabillaud, ajouta M. Gervais, c'est-à-dire en nageant, car le cabillaud est un poisson ; mon épouse l'aime même beaucoup.

— Nager de Brest à Paris est impossible !

— Ce serait bien long, dit M. Gervais.

— Je crois que nous ferions bien de quitter la place ; qu'en pensez-vous ?

— Je pense comme vous ; mais la foule nous en empêche.

— Alors veillez bien sur vos poches, monsieur Gervais.

— J'y veille, Monsieur Gorain, j'y veille !

— Ah ça ! reprit le soldat, tu as donc décidément à lui parler à ton amiral ?

— Un peu ! répondit le matelot.

— Et qu'est-ce que tu veux lui dire ?

— Des machines qu'est des choses qui ne regardent que moi ; mais minute ! Je fais un nœud plat sur ma langue. Laisse faire seulement, et tu verras si je masque en grand ou si je te largue la vérité du bon Dieu.

— Il ose invoquer Dieu ! murmura M. Gorain.

En ce moment un magnifique carrosse, enlevé par quatre chevaux de la plus rare beauté et conduit par un énorme cocher à la livrée rouge et or, traversa la place d'Armes au galop et se dirigea vers l'entrée de la grande grille du palais ; mais à peine atteignait-il la cour des Ministres que les chevaux, contenus brusquement, firent un arrêt d'une netteté remarquable, et le carrosse demeura tout à coup stationnaire.

L'un des valets de pied grimpés derrière l'équipage s'élança aussitôt à terre, ouvrit la portière et abaissa le marchepied. Un jeune homme élégamment vêtu sauta sur le pavé de la cour, puis il se retourna et serra une main fine et blanche, mais de forme masculine, tendue de l'intérieur du carrosse.

— Au revoir, Edouard ! dit une voix sonore.

— Au revoir, monseigneur, répondit le jeune homme qui venait de quitter la voiture.

— Quand te reverrais-je ?

— Ce soir...

— Où cela ?

— Où Votre Altesse voudra.

— Viens alors souper avec nous.

— Rue Blanche ?

— Oui.

— J'y serai à l'heure ordinaire, monseigneur.

— Et tu auras une réponse à me donner ?

Cette question, comme les paroles qui venaient d'être échangées entre le jeune homme debout à la portière du carrosse et le personnage demeuré enfermé dans la voiture, cette question avait été faite à voix haute, mais pour répondre, celui que nous avons entendu nommer Edouard, se pencha vers le carrosse et parla à voix basse. Puis il se redressa, salua une dernière fois et se dirigea vers la place d'Armes, tandis que le valet de pied refermait la portière.

Cette petite scène que nous venons de rapporter s'était passée précisément en face de l'endroit de la grille où stationnaient en dehors le matelot et le soldat : ni l'un ni l'autre n'en avait donc perdu un seul détail.

Mahurec surtout paraissait examiner le jeune homme avec une attention profonde. Lorsque celui-ci revint vers la place d'Armes et que la voiture roula de nouveau vers la cour Royale, le marin se donna avec le plat de la main un violent coup sur le front.

— Pour sûr, dit-il en faisant ses réflexions à voix haute, j'ai relevé cette frimousse-là, mais oùsque c'était ? dans quelle aire ? sur quel gisement ?

— Tu connais ce gentilhomme ? dit le soldat en riant.

— Eh ! oui, que j'en suis sûr et certain. Cette guibre crochue, ces écubiers avariés, cette carène efflanquée, continua Mahurec en désignant successivement le nez pointu, les yeux fatigués et le corps amaigri du personnage en question, j'ai pointé ça dans ma boussole !

— Morbleu ! Tu as de belles connaissances alors !

— Comment ça ?

— Le particulier descend de la voiture de monseigneur le duc de Chartres et il a serré la main à Son Altesse.

— Possible ! fit Mahurec, mais il me semble que quand j'ai relevé jadis son gabarit, il n'était pas si suivé, si espalmé, si radoubé et si galipoté qu'à cette heure.

— Bah! où donc était-ce?

— Dans quelle aire que tu veux dire?

— Oui. Quand l'as-tu vu déjà?

— Voilà le hic... mais...

Ici, Mahurec s'interrompit brusquement pour pousser un grand cri. Sa figure brûlée devint subitement rouge comme la carapace d'un homard cuit, et, tournant sur lui-même, il se précipita tête baissée au milieu des rangs serrés de la foule qui l'entourait.

— Brasse à culer, tas de terriens! cria-t-il en fendant la presse. Voilà mon amiral. Tout le monde à la bande! Défile, que je navigue ou je déralingue le premier qui me dérive en travers!

———

XV

UN VIEUX DE LA CALE

A l'instant où Mahurec écartait, ou, pour dire plus vrai, bousculait les derniers rangs des curieux, un carrosse armorié dans lequel se tenait un personnage de soixante ans environ, à la physionomie bronzée, au regard bienveillant et au splendide uniforme tout constellé de décorations, franchissait l'accès de la cour des Ministres. Le matelot, d'un seul bond, s'élança à la poursuite du carrosse, mais, sur le seuil de la grille ouverte, il se heurta contre deux gardes suisses placés en sentinelle de chaque côté du passage.

— On ne passe pas ! dit l'un deux en croisant son fusil en travers.

— De quoi ? fit Mahurec. Laisse courir un bord jusqu'à cette rangée de boîtes qui file beaupré sous poupe.

Le matelot désignait les carrosses marchant à la suite les uns des autres.

— Au large ! dit l'autre garde en repoussant Mahurec.

Celui-ci devint écarlate de rouge qu'il était.

— De quoi ! cria-t-il avec un geste menaçant, faut-il pas se brasser à culer devant ta face de vent debout ?

— On ne passe pas, répéta l'autre garde.

— Et pourquoi ça ?

— Allons, arrière ! dit la première sentinelle.

Mahurec se recula, non pour se retirer, mais bien pour prendre son élan.

— Une... deux ! fit-il en s'élançant, gare les culots de gargousse !

Et, écartant les deux gardes qu'il envoya rouler à droite et à gauche aux grands applaudissements de la foule, le matelot passa comme un trait et franchit l'entrée de la cour des Ministres.

Mais son action énergique avait appelé sur lui l'attention des nombreux valets entassés dans la cour, et ceux-ci se précipitèrent à l'aide des sentinelles. Mahurec ne s'arrêta pas. En vrai Breton qu'il était, il courba la tête et vint comme un bélier se ruer sur le mur de valets qui s'opposait à son passage. Deux ou trois furent renversés par le choc, mais les autres se jetaient sur le marin, lorsqu'une voix impérative vint arrêter le tumulte.

— Laissez cet homme ! dit le personnage dont le carrosse, venant de pénétrer dans la cour, se trouvait le dernier ayant pris la file.

Les valets s'écartèrent aussitôt et Mahurec se trouva dégagé.

— Laissez faire, mon amiral ! dit-il en se redressant, j'aurais drossé tous ces hâle-boulines, main sur main, le temps de faire une épissure, quoi !

— Approche ! interrompit le personnage.

Mahurec s'avança, son bonnet de laine à la main, jusqu'à la hauteur de la portière. L'interlocuteur du matelot n'était autre que le bailli de Suffren, alors dans toute la splendeur de sa gloire. Il fixa sur Mahurec son regard sévère.

— Comment ! dit-il d'une voix rude, c'est toi qui causes ce tumulte ?

— Histoire de rire et de s'amuser, mon amiral ! répondit le matelot. Ces tas de terriens voulaient-ils pas me genoper et m'empêcher de mettre le cap sur vous.

— C'est donc à moi que tu en veux ?

— Oui, mon amiral, j'étais bien sûr et certain que vous tendriez un bout d'amarre à un vieux de la cale qui met en berne à votre intention.

— Ah ! ah ! tu as quelque chose à me demander ?

— Oui, mon amiral.

— Eh bien ! parle vite.

— Je vais vous larguer la chose en grand, mon amiral... mais d'abord, et d'une, faut vous demander si je suis toujours au vent de votre bouée ?

M. de Suffren sourit doucement.

— J'aime toujours mes bons matelots, Mahurec ; j'aime mes vieux de la cale, tu le sais bien. D'ailleurs tu m'as sauvé la vie trois fois.

— Histoire de s'amuser, mon amiral, répondit le matelot en rougissant non de colère cette fois, mais d'embarras que lui causait le souvenir auquel faisait allusion le célèbre marin.

— Voyons, reprit M. de Suffren de l'air le plus engageant, parle ! Qu'as-tu à me dire ?

Mahurec se campa sur ses hanches, ôta sa chique de sa bouche, mit la main devant ses lèvres pour envoyer un long jet de salive derrière lui, et porta le pouce à sa gorge, comme pour la dégager d'une émotion qui empêchait les paroles d'en sortir.

— J'attends, dit l'amiral.

— Mon amiral, balbutia le matelot en perdant tout à coup son assurance, l'écoute sera peut-être longue à filer...

— C'est donc une histoire que tu as à me raconter ?

— Mon amiral, c'est approchant du même calibre.

— Eh bien ! encore une fois, parle ; je t'écoute.

Mahurec fit un effort visible et parut prendre son courage à deux mains.

— Mon amiral, dit-il enfin, il s'agit de moi et de mes lieutenants.

— D'Henri et de Charles ? dit vivement M. de Suffren ; du marquis d'Herbois et du vicomte de Renneville ?

— Oui, mon amiral.

— Est-ce qu'il leur serait arrivé malheur ?

— Oh ! que non, fit Mahurec, puisque je suis vivant.

— C'est vrai, dit l'amiral avec un doux sourire ; je sais que tu les aimes.

— Si je les aime ! s'écria Mahurec en se donnant un énorme coup de poing dans la poitrine ; c'est-à-dire que je me ferais mettre en mâchemoure pour eux deux, voyez-vous ! C'est la crème des crèmes ! Des vrais matelots, quoi, comme vous et moi ! Tout ce qu'il y a de mieux sur la mer, que ça ne devrait pas tant seulement se mélanger jamais avec les terriens !

— Eh bien ? fit M. de Suffren.

— Eh bien ! reprit Mahurec avec une sorte de mélancolie qui ne messayait pas à son mâle visage, j'ai l'âme en panteune, voyez-vous ; j'ai la boussole affalée dans la vase jusqu'à la flottaison, et si vous ne me prenez pas à la remorque, je sens que ça va mal virer pour ma basane.

M. de Suffren regarda fixement Mahurec ; puis faisant signe à l'un des valets qui s'empressa de venir ouvrir la portière du carrosse, il sauta légèrement à terre. S'approchant du matelot demeuré immobile, il appuya sa main aristocratique sur l'épaule carrée de Mahurec, et plongea son regard acéré dans les yeux émus de son interlocuteur.

— Voyons, dit-il, tu es malheureux, tu as l'âme à l'envers ; tu vas me conter tes peines. Marche à côté de moi.

Mahurec avait bien entendu ce que venait de lui dire M. de Suffren, mais au lieu de répondre il demeurait immobile.

— Allons ! dit l'amiral en souriant.

Mahurec tortilla entre ses doigts noueux son bonnet de laine, mais il ne bougea pas.

— Eh bien ! reprit M. de Suffren, ne m'as-tu pas entendu ? Viens donc !

— Quoi ! c'est donc pas une farce, mon amiral ? fit le marin en ouvrant dans toute leur grandeur ses petits yeux vifs et clairs. Vous voulez que je coure une bordée de conserve avec vous au milieu de tous ces beaux brodés qui nous entourent ?... Moi, un pauvre rien du tout, que je navigue à votre hauteur comme matelot et matelot !

M. de Suffren fit un pas vers Mahurec.

— Tu osais bien me parler, tout à l'heure, dit-il.

— Oh ! fit le marin, tout à l'heure, mon amiral, vous étiez dans votre boîte dorée et moi j'étais en bas, c'était naturel ; mais présentement nous sommes quasi sur le même bord et je sens la honte qui m'élingue le pertuis aux légumes...

— Quand tu as tué, à San-Iago, l'Anglais qui allait me fendre le crâne, tu étais devant moi, dit l'amiral d'une voix grave et légèrement émue ; quand tu as reçu en pleine poitrine, à Sadras, le coup de pique qui m'était destiné, tu étais encore devant moi ; enfin, à Trinquemale, tu étais à mes côtés quand tu as assommé les deux officiers qui m'assaillaient à la fois. Pourquoi, aujourd'hui, as-tu peur de te promener avec moi ?

— Dame, mon amiral, fit Mahurec en balbutiant de plus en plus, là-bas on se crochait avec l'Anglais, et près de vous c'était la meilleure place, tandis qu'ici... au milieu de tout ce beau monde... j'ai le gréement trop mal peigné pour...

— Fais ce que je te dis ! interrompit brusquement M. de Suffren ; et si quelqu'un se permettait un sourire, c'est à moi seul qu'il aurait à répondre. Viens, matelot ; conte-moi tes peines, et si ton amiral peut quelque chose pour toi, il se souviendra qu'il a trois dettes à payer.

Puis voyant Mahurec toujours immobile et indécis :

— Allons ! continua-t-il en lui frappant rudement sur l'épaule, dérape et file de l'avant.

— Cré mille tonnerres de Brest ! dit Mahurec dont la physionomie exprimait un attendrissement comique, vous me mettez vent dessus, vent dedans, mon amiral, avec vos bonne paroles. Voilà mes écubiers qui embarquent lame sur lame à cette heure !

Et le pauvre matelot essuya ses yeux avec son bonnet de laine ; l'amiral le contemplait en souriant.

— Voyons, qu'as-tu ? demanda-t-il en se mettant en marche.

— Pour lors et d'une, commença Mahurec, vous vous souvenez peut-être qu'il y a dix ans, quand MM. d'Herbois et Renneville, mes lieutenants, sont entrés dans les gardes-marines, c'est moi que j'ai commencé leur éducation, tant seulement qu'ils ne savaient pas distinguer une chaîne d'ancre d'une drisse de flamme, et qu'à cette heure ils en remontreraient au plus fin des gabiers.

— Je sais cela ; après ?

— Pour lors, et de deux, ils ont été si bons pour moi, tout de suite que je les ai aimés dans le grand sans me faire prier. Pour lors, quand j'étais affalé dans mon hamac, le nez dans la brise, pire qu'un crabe qu'est drossé par le filet, vous savez bien, mon amiral, c'est par le travers des îles Vertes, oùsque la fièvre jaune faisait mettre à tout un chacun la barre dessous... j'étais en train de filer ma dernière écoute, j'étais quasiment paré à avaler ma gaffe, quoi ! et qu'il n'y avait pas à bord plus de médicaments que dans mon écubier, rien de rien... la cambuse aux drogues était rafalée, et chaque heure c'était un camarade qui filait vent arrière pour le monde des défunts ; eh bien ! qui qu'est venu près de moi ? qui a donné au pauvre gabier sa ration entière de vin et des bonnes paroles à vous chavirer le cœur ? qui qui a tendu un bout de grelin pour l'aider à franchir la passe, enfin ? c'est M. d'Herbois et M. de Renneville... Je les vois encore... là... penchés sur mon hamac...

Mahurec porta la main à ses yeux.

— Matelot, qu'ils me disaient, continua-t-il, tiens bon ! le coup de partance n'est pas tiré ! Aux bras et aux boulines ! met le cap sur la santé... Et j'ai fait comme ils disaient, mon amiral, et je m'ai pomoyé sur ma carène et quinze jours après je reprenais mon poste dans la hune d'artimon... Aussi, voyez-vous, je parle comme une bête, mais j'aime comme ça et si jamais, au grand jamais, un particulier de terrien s'avisait tant seulement de regarder mes lieutenants de travers, je te l'amure à bloc et je te l'envoie radouber sa coque jusqu'au-dessus de la flottaison !

Et Mahurec, l'œil enflammé, la narine frémissante, leva ses poings monstrueux et les fit tournoyer dans l'air avec une vigueur que lui eût enviée un hercule de profession.

M. de Suffren regarda le matelot, puis, ses yeux se détournant, rencontrèrent tout ce monde de courtisans et de valets qui remplissait la cour.

Entre ces gens et Mahurec, entre ces vêtements splendides, ces livrées éclatantes et ce costume primitif de l'homme de mer, le contraste était saisissant et devait certes choquer les regards des grands seigneurs et des grandes dames qui, en passant devant l'illustre bailli et son interlocuteur, ne pouvaient retenir une exclamation d'étonnement et un geste de répulsion. Mais M. de Suffren n'était pas, lui, un courtisan vulgaire, un gentilhomme de boudoir, un général de l'Œil-de-bœuf, c'était un homme d'un grand cœur, d'un esprit élevé, et un marin profondément épris de la noble carrière qu'il parcourait si brillamment.

Aussi, répondant aux petits cris d'étonnement et aux gestes méprisants que provoquait sa familiarité apparente avec un simple matelot, par un sourire dédaigneux et un regard hautain, il ne se sentit que plus disposé à continuer un entretien qui était loin de lui déplaire.

En présence de Mahurec, il oubliait la cour, il oubliait le château et il se transportait, par la pensée, au milieu de ces marins qu'il aimait tant, à bord de l'un de ces navires qu'il avait hâte de rejoindre.

— Continue, dit-il vivement. Parle encore, Mahurec, je t'écoute !

— Pour lors et de trois, reprit Mahurec en s'enhardissant de plus en plus, j'avais ma vieille mère, vous savez, mon amiral ? une femme du bon Dieu, quoi !

infirme et malade. C'était pas avec mon arriéré que je pouvais parer à ses besoins et l'empêcher de s'affaler à la côte... N'empêche ! ça bourlinguait tant bien que mal, quand un beau jour, voilà la chère femme qui se sent coiffée par la maladie et j'étais pas là... elle était toute seule... sans secours, sans amis...

— Pourquoi ne m'as-tu pas fait prévenir ! dit vivement M. de Suffren. Est-ce que j'ai jamais laissé dans la misère la mère d'un de mes matelots ?

— Mais, mon amiral, balbutia Mahurec, je ne savais rien, moi, ce n'est qu'après... quand la pauvre femme a eu envoyé son âme au bon Dieu...

— Ta mère est donc morte ?

— Oui, mon amiral. Il y a deux ans.

— Morte seule... dans la détresse ?

— Oh que non ! Il y avait deux braves cœurs que Notre-Dame d'Auray avait envoyés à Brest près de la pauvre femme. Encore mes lieutenants, quoi ! Ils l'ont soignée... ils l'ont mijotée... elle n'a jamais manqué... et quand la chère femme a largué sa dernière écoute, c'étaient encore MM. d'Herbois et de Renneville qui l'escortaient des deux bords... Ils ont acheté un bout de terre... et ils y ont mis une croix de leurs mains...

Mahurec respira fortement pour cacher l'émotion qui le gagnait.

— Quand j'ai su tout cela, reprit-il après un moment de silence, j'ai voulu me couper en deux pour envoyer à chacun de mes lieutenants un morceau de ma carène qui leur eut crié : merci ! mais, continua le matelot avec cette teinte de poétique mélancolie particulière à ceux de sa classe, mais j'ai réfléchi que j'avais qu'un cœur, que chacun de mes lieutenants n'en aurait qu'un bout et que tous les deux avaient droit de l'avoir tout entier. Alors j'ai été à Brest... sur la tombe de la pauvre vieille... et là, à deux genoux sur la terre... j'ai juré que tant que Mahurec, le gabier, aurait la force d'attacher un grelin et de se pomoyer sur une enfléchure, avant d'être au roi, avant d'être à la mer, avant d'être à ses officiers, il serait à ses lieutenants ! Voilà, mon amiral !

M. de Suffren était très-ému. Les paroles franches, le langage pittoresque du gabier l'avaient fortement impressionné.

— Brave homme ! murmura-t-il.

Puis secouant son émotion et redressant la tête, il reprit de sa voix rude.

— Eh bien, après ? Est-ce seulement pour me conter ton histoire que tu es venu me trouver ici !

— Oh que non ? répondit Mahurec. J'ai quelque machine à vous demander.

— Qu'est-ce que c'est ?

— C'est que mes lieutenants sont embarqués tous les deux à bord de l'*Astrolabe*...

— Je le sais bien. C'est moi qui ai conseillé à la Peyrouse de les prendre dans son état-major.

— Eh bien ! vous avez fait du propre, mon amiral.

— Comment ? dit M. de Suffren sans se fâcher de la réflexion incongrue du gabier.

— Je veux dire que c'est ça qui me met le cœur en dérive ! reprit vivement Mahurec. Parce qu'ils appareillent sur l'*Astrolabe* et que je reste, moi, à la cale d'embarquement.

— Ah ! fit l'amiral, je comprends. Tu veux embarquer avec eux.

— Juste, mon amiral.

— Et c'est cela que tu viens me demander?

— Vous le dites. Je suis venu à pied de Brest à Paris pour vous larguer ma demande.

— Et tes lieutenants, le savent-ils ?

— Non, mon amiral. J'ai rien dit. Ils ignorent même que je suis ici à cette heure. J'ai voulu vous voir avant tout. Dame ! vous comprenez ! s'il leur arrivait malheur, faut bien que je sois là... j'ai juré ! si je manquais à ma parole, je serais un failli-chien.

— Tu m'as sauvé trois fois la vie, dit M. de Suffren d'une voix grave. Tu ne m'as jamais rien demandé, je n'ai jamais rien fait pour toi, je ne te refuserai pas la grâce que tu sollicites. Tu veux embarquer à bord de l'*Astrolabe*, tu embarqueras en qualité de gabier d'artimon. Viens me trouver ce soir à mon hôtel, je te remettrai moi-même ton ordre d'embarquement. Es-tu content ?

— Si je suis content ! cria Mahurec devenu pâle de bonheur, et, qui, dans son émotion, avait failli avaler la chique qu'il avait replacée dans sa bouche.

M. de Suffren fouilla dans la poche de sa veste et en tira une bourse bien garnie.

— Tiens ! dit-il en la tendant à Mahurec, voilà pour lester ta vareuse !

Puis, frappant sur l'épaule du gabier :

— Bonne chance, matelot ! va, maintenant ! navigue grand largue !

Et M. de Suffren, adressant un geste d'adieu à Mahurec, s'élança dans sa voiture, près de laquelle il était revenu. Le valet de pied releva le marchepied, ferma la portière, et le carrosse reprit sa marche vers la cour de Marbre.

Mahurec était demeuré immobile, tenant à la main la bourse que venait de lui donner le bailli, et il paraissait incapable de faire un pas, tant la joie, l'émotion, le saisissement, anéantissaient toutes ses facultés. Enfin la réaction arriva vive et puissante ; Mahurec bondit en l'air, battit un entrechat étourdissant en criant à tue-tête :

— Vive l'amiral !

Puis retombant sur ses pieds, il tourna sur lui-même, prit sa course, traversa la cour des Ministres, salua en passant d'un air narquois les sentinelles qui avaient voulu s'opposer à son entrée, et faisant dans la foule une nouvelle trouée, mais en sens opposé cette fois à la précédente, il arriva tout d'une haleine à l'endroit où l'attendait encore le soldat aux gardes françaises.

— Ripaille ! cria-t-il en gesticulant comme un possédé ; la brise adonne ! j'ai mon sac plein ! l'amiral m'a mis vent sous vergue. En avant chez ta femme, vieux ! Je cours grand largue ! Gare au festin de la mère Lefebvre ! Eh ! hisse ! tout est paré ! Attrape à larguer les bonnettes ! bitte et bosse en grand.

Et d'une voix formidable, le gabier, pour mieux célébrer la joie qui débordait en lui, se mit incontinent à chanter ce vieux refrain si connu sous la misaine :

> L'compas était démonté,
> La coque allait en dérive,
> Mais v'là la brise qu'arrive,
> Rev'là le navire orienté.
> Je naviguais sur mon erre
> Et j'courais de mauvais bords,
> V'là qu'on signale la terre,
> J'mets les bonnett' des deux bords.

MM. Gorin et Gervais, en leur qualité des plus proches voisins du matelot, avaient été les plus vivement bousculés lors de la première poussée qu'il avait donnée pour aller rejoindre son amiral, et lors de la seconde, surtout, quand il était revenu près du soldat aux gardes françaises.

Le pauvre M. Gorain pressé et froissé rudement entre la grille de fer et les coudes du marin n'avait pu retenir un cri de douleur, mais la peur que lui inspirait Mahurec l'avait empêché de se plaindre. Ce fut donc avec une vive satisfaction, que les deux bourgeois virent s'éloigner le matelot et le soldat, et ils poussèrent tous deux un soupir de soulagement en se trouvant débarrassés de ce turbulent voisinage.

— Avez-vous entendu ? fit M. Gorain ; il a parlé, en s'en allant, d'aller carder des bonnets.

— Comme si on cardait autre chose que des matelas! répondit M. Gervais en haussant les épaules.

— Et il a ajouté : Vite ! des bosses ! Je plains bien sincèrement ceux à qui il veut en faire, car il a des poings formidables. Mais voici l'heure à laquelle je dois rencontrer M. Danton, mon locataire. Il faut que je vous quitte, monsieur Gervais ; à moins que vous ne vouliez venir avec moi ?

— Pourquoi pas ? cette affaire de la jolie mignonne me préoccupe bien sincèrement. Mon épouse n'en parle pas sans fondre en larmes, et même ma cuisine souffre beaucoup de sa sensibilité. Allons voir M. Danton, et ensuite nous reviendrons à Paris rapporter des nouvelles toutes fraîches à ce pauvre Bernard.

Et les deux bourgeois, faisant à leur tour une trouée, mais moins violente dans la foule des curieux, traversèrent la place d'Armes.

XVI

LES TRIANONS

« Versailles, ce chef-d'œuvre si ruineux, dit Saint-Simon, où les changements des bassins et des bosquets ont enterré tant d'or qui ne peut paraître, était loin d'être achevé que déjà Louis XIV, après avoir acquis, en 1663, des moines de Sainte-Geneviève des terres sur la paroisse de Trianon (désigné sous le nom de *Trianum* dans une bulle du XIIe siècle), s'y faisait bâtir, en 1670, un petit château ou plutôt un pavillon, pour aller s'y reposer des ennuis du faste et de la représentation. »

« C'était d'abord, dit encore Saint-Simon, *une maison de porcelaine à faire des collations.* Au bout de quelques années, la fantaisie royale voulut, à la place de ce pavillon, avoir un palais, et Mansard fut chargé d'en dessiner les plans. »

Ce fut durant cette construction qu'eut lieu entre Louis XIV et son ministre Louvois, la trop célèbre scène à propos d'une fenêtre plus étroite que les autres, scène qui eut pour étrange et fatal résultat cette guerre du Palatinat qui commença la période décroissante du règne du grand roi.

Cependant Louis XIV se dégoûta vite de ce palais, en miniature, et, à partir de 1700, il l'abandonna presque complètement.

Louis XV vint quelquefois à Trianon ; puis, de même que ce château était un diminutif de celui de Versailles, le roi voulut bientôt se donner un diminutif du grand Trianon : il fit construire par Gabriel, à l'extrémité des jardins, un pavillon carré de vingt-trois mètres de façade, qui prit le nom de *petit Trianon*. Ce fut ce pavillon que Louis XVI donna à Marie-Antoinette comme une retraite inviolable où la reine, abandonnant les ennuis de la royauté, pouvait se promener, s'amuser, se distraire en simple particulière. Les méchants et les médisants qui abondaient alors, trouvèrent, dans l'affection de la reine pour ce séjour, une arme nouvelle, et, faisant allusion à la patrie première de Marie-Antoinette, ils appelèrent le *petit Trianon*, le *petit Vienne*.

Les jardins avaient conservé le cachet de plantations de Le Nôtre alors que Marie-Antoinette devint propriétaire de ce joli pavillon. Elle fit tout bouleverser ; on dessina les jardins *à l'anglaise*, et Mique, l'architecte de la reine, assisté du peintre Robert, traça un lac, fit serpenter des rivières, dissémina çà et là des maisons rustiques représentant un hameau, et éleva au milieu des bosquets le temple de l'Amour et le pavillon des concerts. La reine et ses favorites venaient à Trianon se reposer des fatigues et du faste de la cour et se livraient dans l'intimité à d'innocentes, mais fort peu naïves, imitations de la vie champêtre.

« Une robe de percale blanche, dit Mme Campan, un fichu de gaze, un chapeau de paille étaient la seule parure des princesses. Le plaisir de parcourir les fabriques du hameau, de voir traire les vaches, de pêcher dans le lac enchantait la reine, et chaque année elle montrait plus d'éloignement pour les fastueux voyages de Marly. »

En 1785, la royauté, précédemment tombée avec Louis XV de l'olympe de Louis XIV dans le boudoir d'une Du Barry, se réfugiait alors dans l'idylle et la bergerie : halte douce et paisible à la veille d'une effroyable révolution !

Pour se rendre à pied, par le parc, du château de Versailles aux Trianons, il fallait, et il faut encore, prendre les allées situées à droite du *bassin d'Apollon*. A l'extrémité de l'une des branches du *grand canal*, dite *bras de Trianon*, on apercevait deux rampes d'escaliers aboutissant à une grille (toujours ouverte alors) et de l'autre côté de laquelle était le parc du *grand Trianon*. On pouvait encore parcourir le *boulevard de la Reine* jusqu'à la barrière du même nom, franchir cette barrière et suivre le prolongement de la grande avenue, laquelle allait aussi directement du *bassin de Neptune* au château réservé. Ces deux routes aboutissaient presque au même point, à la droite du grand Trianon, dans un petit bouquet de bois servant à relier ensemble les deux parcs et que l'on désignait sous le nom, un peu trop ambitieux, du *bois de Trianon*.

C'est vers ce bois que s'était dirigé le conseiller au Parlement conduit par les deux jeunes officiers de marine et suivi, à distance, par le personnage qui ressemblait si fort à un espion.

M. de Niorres et ses compagnons avaient parcouru, sans échanger une parole, *l'avenue de la Reine* et celle de Trianon. Ce ne fut qu'après avoir atteint le bouquet de chênes et de hêtres que le marquis, après avoir échangé un regard avec le vicomte, se disposa à prendre la parole.

Le lieu était parfaitement choisi, au reste, pour une conférence secrète. La reine n'habitait pas Trianon (la réception qui avait lieu à Versailles, ce jour-là, ayant exigé sa présence à la cour), les parcs réservés étaient absolument déserts ; valets et courtisans avaient abandonné le séjour où ne les appelaient point momentanément les devoirs de leurs charges et le désir de faire remarquer leur présence.

M. de Niorres s'était remis peu à peu durant la route de l'émotion qui l'avait si violemment assailli avant qu'il se fût déterminé à accorder aux deux jeunes gens l'audience qu'ils sollicitaient.

Le front toujours pâli, mais calme et sévère, le regard froid et scrutateur, le magistrat attendait évidemment une confidence qu'il ne voulait pas cependant paraître solliciter.

Quant au grison, ou du moins quant à celui qui avait l'apparence d'un valet en petite livrée, soit qu'il eût subitement renoncé à ses projets, soit qu'il se fût dissimulé rapidement derrière quelque obstacle, depuis que les deux officiers de marine et le conseiller avaient atteint l'entrée du petit bois, il avait complètement disparu.

Les trois hommes pouvaient donc, à bon droit, se croire parfaitement seuls.

— Monsieur, commença le marquis en s'inclinant devant M. de Niorres, pour obtenir de vous quelques instants d'attention, j'ai été obligé, bien malgré moi, d'évoquer dans votre esprit un souvenir pénible. Veuillez donc, avant tout, recevoir à cet égard mes très humbles excuses.

— Monsieur, répondit M. de Niorres d'une voix parfaitement calme, en vous suivant jusqu'ici, j'ai cédé à vos sollicitations pressantes et non à un sentiment de crainte, ainsi que vous paraissez le supposer.

— Je ne parle pas d'un sentiment de crainte, Monsieur, je parle d'un souvenir.

— J'ignore ce que signifient vos paroles.

— Quoi ! dit le vicomte avec une impatience manifeste, encore des réticences ?

— Messieurs, je ne vous comprends pas.

— Eh bien ! dit brusquement le marquis, puisqu'aucune bonne parole ne peut vaincre la défiance que nous vous inspirons, Monsieur, je vais être forcé de m'expliquer nettement.

— Je vous en serai infiniment obligé, Monsieur, répondit le conseiller toujours avec la même froideur.

Le vicomte frappa du pied avec impatience.

— Monsieur, reprit vivement M. d'Herbois, le vicomte et moi sommes exactement à une heure près du même âge. Bien que nos familles à tous deux ne soient pas d'origine bretonne, nous somme nés tous deux à Brest, il y a vingt-six ans, c'est-à-dire durant la nuit du 8 juillet 1759.

En entendant prononcer cette date d'une voix ferme, le conseiller ne put contenir un tressaillement violent et ses lèvres décolorées blêmirent encore davantage.

Le marquis désigna un banc de marbre placé derrière le vieillard, et l'invitant du geste à y prendre place :

— Asseyons-nous, Monsieur, dit-il, car l'histoire que j'ai à vous raconter, pour arriver ensuite à l'objet de notre désir, sera peut-être un peu longue à entendre.

— Monsieur, ajouta vivement M. de Renneville, épargnez-nous la douleur de vous affliger, vous dont le cœur est déjà si cruellement ulcéré...

— Parlez, Monsieur ! interrompit encore M. de Niorres.

— Alors, reprit le marquis, je vais continuer, mais, du moins, souvenez-vous, Monsieur, que vous nous aurez contraints à agir ainsi que nous le faisons.

M. de Niorres ne répondit pas.

— À l'époque à laquelle remonte notre naissance, dit M. d'Herbois après un moment de silence, vivait à Brest une femme jeune et jolie que son visage angélique et la grâce de sa personne avaient fait surnommer, par tous les habitants, la *Madone de Brest*.

Cette femme, qui pouvait à peine avoir trente ans, était dans tout l'éclat de sa splendide beauté et savait encore en rehausser les charmes irrésistibles par une habileté merveilleuse et une coquetterie sans exemple. Au reste, on eût dit que cette créature avait été formée par deux principes complètement opposés l'un à l'autre : celui du bien et celui du mal ; l'un s'était chargé du corps, l'autre de l'âme, car rien n'était plus pur que ses formes, rien n'était plus corrompu que ses pensées. Son front poli comme l'ivoire recélait un cerveau où germaient les instincts les plus repoussants ; sa poitrine si belle cachait un vide à la place du cœur. Sa bouche si fraîche, garnie de perles si éblouissantes faisait succéder, au sourire fascinateur, l'expression la plus horrible ; ses yeux, si doux et si veloutés, lorsque leurs regards voulaient séduire, devenaient un foyer de rayons fulgurants quand la colère, l'envie, la haine les animaient contre une victime innocente.

La *Madone* a-t-elle jamais été capable d'aimer un être au monde ? Personne à Brest n'a pu le savoir, mais ce que les familles ne savaient que trop, c'était le don qu'elle possédait d'allumer, dans le cœur et dans l'esprit de ceux qui la voyaient, une passion désordonnée que rien ne pouvait combattre, que la mort seule pouvait détruire, et dont le venin insuffisant, gangrénant bientôt l'âme entière, annihilait peu à peu toutes les nobles facultés pour faire surgir à leur place les vices les plus honteux. Semblable à ces poisons actifs, dévorants, contre lesquels la science ne connaît pas de remède et qui agissent par le simple contact, la Madone de Brest avait la fatale propriété d'envenimer le cœur de tous ceux qui l'approchaient. »

Un soupir profond, qui se fit jour à travers la gorge desséchée du conseiller, interrompit le récit du marquis d'Herbois.

Celui-ci s'arrêta et fixa ses regards sur le vieillard comme s'il eût attendu de sa part une parole qu'il désirait ardemment voir sortir de sa bouche, mais le conseiller garda un silence résolu.

Les deux jeunes marins firent un double geste de dépit et de commisération, puis le marquis reprit après avoir hésité légèrement :

— A cette même époque où la beauté de la Madone faisait dans la ville les plus effrayants ravages, arriva de Paris un homme ayant passé déjà les premières années de la jeunesse et que le roi avait chargé d'une mission particulière auprès des Etats de Bretagne. Cet homme, fort beau lui-même, issu d'une excellente origine, marié depuis quelque temps déjà et père d'une nombreuse famille, avait été précédé par une réputation justement établie de magistrat intègre, d'esprit remarquable, de caractère loyal et de mœurs austères, contrastant d'une façon bien étrange avec les habitudes et la manière d'être de ses concitoyens.

Cet homme, continua le marquis, dont je tairai le nom par respect pour lui-même, je l'appellerai simplement le chevalier d'A... On disait encore, et c'était malheureusement la vérité, que le chevalier à son départ de Paris avait laissé mourante sa jeune femme qu'il adorait et qu'il n'avait fallu rien moins que l'amour qu'il avait pour son devoir, pour le contraindre à quitter le chevet d'une compagne qu'il savait, hélas ! ne plus devoir retrouver.

La femme du magistrat était effectivement atteinte d'une maladie mortelle et peu de temps après son arrivée à Brest, M. d'A... reçut de Paris la fatale nouvelle. Il supporta ce coup douloureux en homme d'un grand cœur : son chagrin fut poignant, mais sa physionomie seule en porta les traces, jamais son humeur ne s'en ressentit et sa mission, dont l'importance était grande pour la province, n'en éprouva pas le moindre tort.

Seulement, en dehors de ses relations forcées, M. d'A... ne voulut contracter aucune liaison dans la haute société de la ville. Il vivait complétement seul, absorbé par le travail et par la douleur, se montrant peu en public, mais évitant avec un soin extrême, attestant que son âme était au dessus des conditions ordinaires, de faire parade d'un chagrin trop réel au reste pour n'avoir pas sa pudeur.

La réputation méritée du magistrat avait jadis disposé la ville en sa faveur. Le coup qui venait de l'accabler, sa conduite au-dessus de tous les éloges, sa douleur même qui donnait un attrait de plus à son beau visage en le recouvrant d'une teinte de mélancolie poétique, redoublèrent encore les sympathies que chacun ressentait pour lui, et c'était justice, car à cette époque, M. d'A... était réellement à plaindre. »

Le conseiller étouffa à demi un second soupir et ses mains frémissantes s'étreignirent fiévreusement...

— Le bruit qui se faisait à Brest autour du nom de

M. d'A..., continua le marquis, parvint bientôt aux oreilles de la Madone. Celle-ci, comme tous les génies du mal, avait en horreur tout ce qui ressemblait à la vertu.

D'abord, elle plaisanta la conduite austère du chevalier, la tourna en raillerie, fit des quolibets sur son compte et en arriva enfin à en nier complétement le mérite.

La Madone, toujours entourée d'une cour assidue, recevait nombreuse société chaque soir et l'élite de la jeune noblesse, des officiers de la marine royale et de la finance se pressait dans ses salons. Parmi les marins, se trouvait un homme de cinquante ans environ, brutal et souvent grossier dans son langage, mais d'une franchise que rien ne pouvait arrêter et traitant tout ce qui était en dehors du service d'un navire, de niaiseries et de fadaises.

C'était peut-être le seul qui, jusqu'alors, eût résisté à l'empire des charmes de la séduisante créature et l'exception qu'il faisait confirmait la règle. Son caractère lui avait valu de la part de la Madone le surnom de *Loup de mer*, sous lequel il était presque constamment désigné.

En entendant la Madone mettre en doute la vertu du chevalier d'A..., il sourit à son tour et, par esprit de contradiction, il prit la défense du magistrat.

La jeune femme, peu habituée à voir contrarier son opinion, s'anima vivement. Bref, une véritable querelle s'engagea entre les deux disputeurs et le résultat de cette querelle fut un pari, dont l'enjeu fut porté à deux cents louis. La Madone prétendait qu'avant deux mois écoulés, le chevalier d'A..., abandonnant la voie de la vertu, serait à ses petits pieds et se compromettrait publiquement pour elle en présence de la ville entière.

Le marin avait soutenu énergiquement le contraire, parié que la séduisante créature en serait cette fois pour ses frais de coquetterie.

Le lendemain, au reste, il ne fut plus question du chevalier ; le souvenir de la querelle s'effaça et chacun, une semaine passée, oublia jusqu'à la circonstance du pari. Seule la Madone se souvenait. Non pas qu'elle ressentît la moindre affection pour le chevalier d'A..., non pas qu'elle fût attirée vers lui par le sentiment qui entraînait toute la ville, mais uniquement parce que cette réputation si belle tant prônée en tous lieux, offensait ses mauvais instincts et parce que son amour du mal désirait ardemment la chute de cet homme qui s'était placé dans l'opinion publique au rang le plus élevé.

Le magistrat, lui, inutile de le dire, ignorait ce qui s'était passé chez la Madone. Il ne savait même pas que cette femme existât.

Un matin, à l'heure à laquelle il travaillait enfermé dans son cabinet, son valet de chambre vint le prévenir qu'une femme voilée et vêtue très simplement, insistait pour lui parler.

M. d'A..., donna l'ordre que l'on introduisît la visiteuse, et celle-ci entra timidement dans le cabinet du chevalier et prit le siège qui lui fut poliment avancé.

Cette femme était, raconta-t-elle, une pauvre veuve, demeurée dans une détresse profonde, trop fière pour s'adresser à sa famille, avec laquelle elle était brouillée, et dont la position à venir dépendait d'un procès qui devait être jugé par la grand'chambre du parlement de Paris. C'était à propos de ce procès qu'elle venait trouver M. d'A..., le suppliant d'excuser sa démarche peut-être inconvenante, et sollicitant de sa science des affaires, des conseils précieux que sa reconnaissance seule pourrait payer un jour.

Le chevalier, dont le cœur était généreux, compatit au sort pénible de sa visiteuse et lui promit de lui prêter aide et assistance.

La pauvre femme se déclara trop émue d'une telle réception, pour pouvoir en ce moment raconter en détail l'affaire dont elle voulait cependant entretenir son bienveillant interlocuteur, et elle sollicita la permission de revenir le lendemain.

M. d'A..., plein de prévenances pour le malheur, la reconduisit jusque sur le seuil de son appartement. La femme était demeurée voilée durant tout le temps de l'entretien, mais au moment de quitter le magistrat, et comme elle le remerciait chaleureusement avec des larmes dans la voix, pour mieux, sans doute, lui faire voir le sentiment de reconnaissance qui brillait sur son visage, elle releva son voile...

M. d'A... demeura stupéfié par l'éclatante beauté qui se révéla alors subitement à lui. S'il eût connu de nom seulement la Madone, il n'eût pas douté un instant que ce fût elle qui venait de quitter son cabinet, mais, vivant en dehors de tout ce qui se passait dans la ville, il ne soupçonna pas une seule minute le piège qui était tendu sous ses pas.

Le lendemain, à la même heure, la charmante créature revint visiter le chevalier. Elle lui raconta une longue histoire bien embrouillée et savamment préparée à l'avance, et, durant cette seconde audience, elle sut tellement intéresser à son sort l'austère magistrat, que ce fut lui qui, à son tour, réclama une entrevue pour le jour suivant, afin de communiquer à sa visiteuse les réflexions qu'il aurait eu le temps de faire relativement à son procès.

Que vous dirai-je? poursuivit M. d'Herbois en se tournant vers le conseiller au parlement de Paris, lequel, les mains toujours croisées, le front penché, paraissait être en proie à une torture morale des plus vives. Que dirai-je que l'on ne puisse deviner? La Madone continua son œuvre si habilement commencée.

Bientôt, elle s'immisça si bien dans l'esprit, dans l'âme, dans le cœur de celui qu'elle voulait perdre, que le malheureux chevalier, entraîné, subjugué, fasciné, subissant enfin le sort commun à tous ceux qui approchaient la séduisante créature, ne vit plus que par elle, ne pensa plus qu'à elle et s'abandonna à la passion funeste allumée dans son sein. Il rêva un mariage!

Il oublia tout; et la femme qu'il avait aimée et dont il pleurait depuis quelques mois à peine la perte douloureuse, et ses enfants demeurés à Paris, loin de ses soins et de son affection, et sa famille et les devoirs que lui imposait sa mission. Il se résolut à tout sacrifier à sa passion.

Comment s'y prit la Madone pour vaincre cette vertu austère, pour abaisser ce caractère superbe, pour subjuguer cet esprit élevé, pour le contraindre à en arriver à une union secrète. Voilà ce que j'ignore, Monsieur, voilà ce qui, après vingt-six ans écoulés, est encore demeuré un mystère pour tous, mais ce que je sais bien, ce que tout Brest a su à cette époque, c'est qu'avant le délai expiré, la Madone avait gagné son pari et que le chevalier, jetant au vent sa réputation sans tache, se prosternait aux genoux d'une créature à laquelle il avait juré fidélité une nuit, au pied des autels. »

M. d'Herbois fit une pose : une sorte de râle sourd faisait siffler la gorge de M. de Niorres.

Le vicomte, assis sur le banc de marbre, de l'autre côté du vieillard, fixait sur lui ses yeux animés. Le conseiller était dans un état de prostration presque complet : ses regards étaient fixes, sa tête, penchée en avant, demeurait immobile et ses lèvres entr'ouvertes semblaient aspirer l'air avec une peine infinie.

— Faut-il continuer? demanda doucement M. d'Herbois.

— Oui ! balbutia le vieillard.

— C'est que, ce qui me reste à dire est le plus terrible !

M. de Niorres parut sortir de son accablement. La vie revint dans ce corps qu'elle semblait avoir abandonné : les yeux s'animèrent, la tête se redressa et les doigts serrés se détendirent.

— Monsieur, dit-il d'une voix sourde, avant de continuer, il faut que vous me disiez comment vous avez appris tous ces détails d'une période si douloureuse, dans une existence qui avait été, avant cette époque fatale, et qui fût depuis, exempte de blâme?

— L'explication que vous me demandez, Monsieur, répondit le marquis, je vous la donnerai tout à l'heure aussi complète que vous puissiez la désirer. Seulement, avant tout, il faut que nous reprenions notre entretien, ou plutôt que je reprenne mon récit là où je l'ai laissé, car c'est ce qui me reste à dire surtout qui doit provoquer votre intérêt. J'aurais voulu ne pas blesser votre cœur en reprenant les choses d'aussi haut; mais vous m'y avez contraint.

— Ma conduite ne regarde que moi, Monsieur, interrompit M. de Niorres d'une voix fière. Si je vous ai laissé parler, c'est que vos paroles devaient être utiles. Les souvenirs que vous avez réveillés ont été sans doute pénibles pour mon âme, mais chacun a sa charge de douleurs en ce monde. Tout ce que je demande au ciel, c'est d'avoir encore assez de force pour pouvoir porter la mienne. Continuez, Monsieur, je vous écoute, et ne craignez pas de stigmatiser, comme elle le mérite, la conduite du magistrat dont vous parlez. Vos blâmes n'auront jamais l'amertume de ceux qu'il s'est adressés lui-même, et qu'il s'adresse encore! »

M. de Niorres baissa de nouveau la tête: mais son visage n'avait plus cette expression morne qu'il avait revêtu durant la première partie du récit du marquis d'Herbois. Ce n'était plus de l'abbattement qui se lisait sur cette belle et noble physionomie, c'était une résignation puissante et une énergique résolution de supporter tout ce que les paroles du narrateur pouvaient encore lui faire endurer de tortures morales.

— Parmi les illusions nombreuses que la Madone prenait à tâche de faire naître dans l'esprit du chevalier avec une infernale habileté, reprit M. d'Herbois, il en était une si fortement enracinée dans le cerveau du pauvre magistrat, qu'aucune preuve, quelque incontestable qu'elle fût, n'aurait pu, je crois, l'en arracher. M. d'A... croyait fermement à la vertu de sa nouvelle épouse, c'est-à-dire qu'il ajoutait une foi aveugle à toutes les histoires mensongères que lui racontait cette femme, et que, son amour aidant, il en était arrivé à la persuasion que la Madone n'avait jamais ressenti que pour lui une affection sincère et que sa fidélité irréprochable était la moindre de ses vertus. Après avoir admiré le chevalier lors de sa conduite si pure, Brest l'avait plaint quand il était tombé dans les filets de la Madone ; mais...

— Mais ? interrompit M. de Niorres en voyant le marquis hésiter à poursuivre, mais quand il fut constaté que celui que vous nommez le chevalier d'A..., et que j'appelle, moi, le conseiller de Niorres, était stupidement, follement et honteusement épris de cette indigne et insidieuse créature, la ville entière jeta sur lui le blâme qu'il méritait, et lui, sans vergogne et sans respect pour le nom que lui avait légué son père, et qui appartenait à ses enfants, se jeta tête baissée dans l'abîme, et souilla ce nom en le donnant à cette femme.

Après, Monsieur, dit encore le conseiller, qui depuis quelques instants ne paraissait plus être le même homme, après, et appelez désormais par son nom celui dont vous retracez le fatal égarement.

M. d'Herbois fit un geste de soumission, et, reprenant la parole :

— Ce qui me reste à dire, continua-t-il, est pénible pour moi à énoncer et douloureux pour vous à entendre, Monsieur ; mais les circonstances exigent impérativement que je parle, comme le vicomte le ferait à mon défaut, car il s'agit de sauver ceux qui n'ont pas succombé encore dans votre maison, et de vous mettre sur les traces du coupable !

— Les traces du coupable ! répéta M. de Niorres avec étonnement.

— Oui, dit le vicomte.

— Quoi ! vous pourriez...

— Vous aider à découvrir l'horrible vérité, et ce que nous allons vous confier aujourd'hui, ce que nous seuls peut-être savons à cette heure, serait connu de vous déjà si vous ne nous aviez pas obstinément refusé votre porte.

— Continuez ! dit M. de Niorres avec un accent fébrile. Ne craignez pas de rouvrir mes plaies ! Déchirez mon cœur, mais ne me cachez rien.

— Eh bien ! reprit le marquis d'une voix brève, écoutez-moi donc, mais permettez-moi de continuer à nommer, dans mon récit, le chevalier d'A..., ainsi que je l'ai fait jusqu'ici, celui dont je plains bien vivement les douleurs, et dont je respecte l'honorable caractère.

Quel est l'homme qui, durant son existence, n'a jamais eu un moment d'oubli?

Je reprends : le chevalier aimait donc la Madone d'un amour sans bornes. Bientôt cette infernale créature, fière de la réussite de ses projets, désireuse d'exploiter celui qu'elle voyait à sa merci, devenant tout à coup ambitieuse en songeant à l'immense fortune de M. d'A... résolut de tout tenter pour porter un coup décisif... Un jour, elle apprit au malheureux qu'elle étreignait dans ses serres, que le ciel avait béni leur union secrète en la sanctionnant par les liens les plus sacrés... qu'elle se sentait mère. Le chevalier crut-il à l'existence réelle de sa paternité...

— Il le crut ! dit M. de Niorres, et à partir de ce jour il entoura cette femme des soins les plus attentifs, et sa fatale passion redoubla de puissance.

— L'enfant qui vint au monde fut envoyé à Quimper pour y être élevé...

— Oui, dit encore le conseiller ; mais quelques années après sa naissance, cet enfant mourut, et les derniers liens qui eussent pu attacher la victime au tourmenteur se trouvèrent ainsi anéantis.

— Le croyez-vous, Monsieur, dit le vicomte.

— Si je crois que mon fils est mort ? répéta le conseiller en se levant brusquement ; puis-je donc en douter ?

— Avez-vous vu son cadavre ?

— Non...

— Avez-vous assisté à ses derniers moments ?

— Non...

— Alors vous n'avez aucune certitude.

— Aucune certitude ! s'écria M. de Nierres dont toute l'énergie était enfin revenue.

— Sans doute. On a pu vous tromper en vous disant qu'il était mort, cet enfant que vous n'avez pas revu depuis le jour de sa naissance.

— Me tromper ! répéta le conseiller ; et dans quel but ?

— Je l'ignore, dit le vicomte ; mais cela a pu avoir lieu.

— Qui vous le fait supposer ?

— Je vais vous l'apprendre, dit le marquis ; laissez-moi continuer.

Le conseiller se laissa retomber sur le banc de marbre en proie à l'agitation la plus vive.

— Nous sommes nés, le vicomte et moi, reprit M. d'Herbois, le 8 juillet 1759, je vous l'ai déjà dit. Cette nuit n'a-t-elle pas laissé un souvenir puissant dans votre mémoire ?

— Oh ! fit le conseiller avec un geste de colère, cette nuit-là sera toujours présente à mon esprit. Il y avait quinze mois alors que j'étais sous l'empire de la femme qui m'avait jeté dans la voie mauvaise ; il y avait quinze mois que j'étais aveugle, et cette nuit-là la lumière se fit ; cette nuit-là je compris toute l'horreur de ma position.

— Et la veille, demanda le marquis, vous rappelez-vous ce qui s'était passé entre vous et la Madone ?

— Oui, dit le conseiller ; mais ce qui s'est passé entre nous n'a pu être connu que d'elle et de moi.

— Cependant nous le savons.

— Vous ?

— Oui, Monsieur.

M. de Niorres lança sur les deux jeunes gens un regard où perçait une défiance manifeste.

— Parlez, alors, dit-il ; racontez, faites comme si je ne me souvenais pas.

— La veille de cette nuit dont je vous parle, continua aussitôt le marquis, c'est-à-dire le 7 juillet au soir, après une scène habilement provoquée par la Madone, pour laquelle vous ressentiez encore toute la violence de la passion qu'elle vous avait inspirée, la mère joua une comédie infâme. Feignant de penser sans cesse à l'avenir de l'enfant pour lequel elle affectait une tendresse sans bornes, elle pleura, elle gémit, elle vous rappela que vous ne pouviez rien pour lui, que votre fortune appartenait à votre fils aîné, et que votre fils nouveau-né avait en perspective non-seulement la honte d'être issu d'une union non avouée, mais encore le dénûment et la misère. Entraîné sur la voie où l'on voulait vous engager, vous vous y abandonnâtes sans restriction, et, dans un élan de générosité, vous commîtes l'insigne imprudence de remettre à la Madone un blanc-seing dont elle s'empara comme d'une garantie pour l'avenir.

— Comment savez-vous cela ? s'écria M. de Niorres avec violence.

— Je vais vous l'apprendre dans quelques instants, répondit M. d'Herbois ; mais ce que je dis est bien vrai, n'est-ce pas ?

— Oui.

— Ce blanc-seing vous l'avez remis à cette femme.

— Je voulais calmer les craintes de la mère ; je croyais à sa tendresse, à sa loyauté, et je trouvais naturelles les appréhensions qu'elle ressentait pour l'avenir de son fils. Je venais de lui promettre d'assurer, par un acte authentique, le sort de notre enfant, et comme elle parut douter de mes intentions, pour la convaincre, j'avais saisi une feuille de papier et je l'avais revêtue de ma signature.

— Et ce blanc-seing vous ne l'avez jamais revu ?

— Jamais.

— La Madone avait obtenu de vous ce qu'elle désirait, et le lendemain elle provoquait elle-même votre rupture.

— Oui ! s'écria le conseiller en fermant ses poings avec une expression de rage et de douleur. Oh ! je vivrais deux siècles que cette nuit-là serait toujours présente à ma pensée, que la scène, juste punition de ma conduite honteuse, ne s'effacerait jamais de ma mémoire. J'en vois encore tous les détails ! Cette nuit-là, j'acquis la preuve que j'avais été depuis quinze mois le jouet d'une odieuse perfidie ; je sus qu'en me disant qu'elle m'aimait, cette créature m'avait menti sans rougir, qu'en me parlant de sa tendresse elle avait blasphémé les sentiments les plus purs ; je compris, enfin, que j'avais été ce que je méritais d'être, la risée des sots et l'objet de mépris des honnêtes gens. Oh ! ce que j'ai souffert en me trouvant face à face avec un rustre grossier qui me déclara froidement que la Madonc n'avait pas d'autre époux que lui, que j'avais été joué indignement, que cette femme était mariée depuis dix ans. Oh ! ce que j'ai souffert en entendant celle que je m'étais plu à douer des qualités les plus précieuses, rire insolemment à chacun de mes reproches, je ne saurais encore l'exprimer aujourd'hui. Mon premier mouvement fut de tuer sans pitié ces deux êtres sans pudeur que j'avais à merci. Déjà ma main convulsive étreignait mon épée prête à jaillir hors du fourreau ; mais la raison, par un miracle de la Providence, rentra soudainement dans mon âme. Je compris toute la boue que j'allais lancer sur mon nom ; je me dis que j'avais été dupe assez longtemps, que j'étais puni de mes fautes, que je ne devais me venger que par le mépris, et qu'une seule chose me restait à faire : partir au plus vite. Deux heures après je quittais Brest, et je m'élançais le cœur brisé, l'esprit en désordre, sur la route de Paris. Là, je retrouvai mes enfants, qui ne savaient rien de ce triste mariage désormais rompu de droit, ma famille, qui jeta un voile sur un passé que je maudissais, et je résolus de reconquérir ma propre estime en faisant payer à mon existence à venir les fautes de mon existence passée. Je tins parole, Messieurs !

— Nous le savons, dirent sans hésiter le marquis et le vicomte.

— Ce fut deux ans plus tard, reprit M. de Niorres, que j'appris la nouvelle de la mort de mon fils, ou du moins de l'enfant que j'avais cru tel.

— Et comment reçûtes-vous cette nouvelle ? demanda le marquis.

— Par la lettre d'un émissaire que j'avais envoyé pour s'informer de ce qu'était devenu l'enfant.

Le marquis regarda le vicomte, et tous deux secouèrent la tête.

— Messieurs, Messieurs, fit M. de Niorres avec une anxiété des plus vives, qu'avez-vous donc ? Parlez ; cet enfant serait-il donc vivant ?

— Nous le croyons, dit le vicomte.

— Des preuves !

— Malheureusement, nous n'en avons aucune.

— Oh ! alors...

— Mais, ajouta vivement le marquis, à défaut de preuves matérielles, les suppositions les plus justes appuient notre croyance.

— Comment ? Parlez, expliquez-vous !

— Depuis votre départ de Brest avez-vous jamais entendu parler de la Madone ? demanda M. de Renneville.

— Jamais, répondit le conseiller.

— Vous ne vous êtes point informé d'elle ?

— Sa pensée seule me faisait horreur.

— De sorte que vous n'avez rien su la concernant ?

— Absolument rien.

— Vous ignorez qu'après avoir continué durant quelques années sa vie de dépravation et de débauche, ne rencontrant plus de dupes à faire, se voyant abandonnée avec sa beauté qui fuyait et la maturité qui arrivait à grands pas, elle résolut de quitter la ville, de quitter même la France ?

— J'ignorais cela, répondit M. de Niorres. Vivant retiré du monde, au milieu de ma famille, ne sortant que pour remplir les devoirs de ma charge, je demeurai complètement étranger à tout ce qui se passait en dehors du parlement. Mais cette femme a-t-elle donc mis sa résolution en pratique ?

— Oui.

— Elle est partie ?

— Il y a quinze ans.

— Et où est-elle allée, la misérable créature ?

— En Amérique d'abord, puis ensuite aux Indes anglaises.

— Et qu'est-elle devenue ?

— Elle est morte.

— Morte ! répéta M. de Niorres.

— Oui, dit le vicomte de Renneville ; et de cette mort nous pouvons vous répondre, Monsieur, car la Madone de Brest est morte devant nous à bord du navire que nous montions.

— Il y a longtemps ? demanda M. de Niorres ?

— Il y a deux ans seulement.

Le conseiller laissa tomber son front dans ses mains, et les deux jeunes gens respectèrent sa méditation profonde.

— Mais, dit M. de Niorres en reprenant la parole après quelques instants de silence, je ne vois rien dans tout ce que vous dites, Messieurs, qui puisse faire supposer que l'enfant dont nous parlions ne soit pas mort.

— Permettez, Monsieur, répondit le marquis, je n'ai point encore terminé. Il y a deux ans, le vicomte et moi étions embarqués à bord de la *Belle-Poule*. Nous venions de remplir une mission dans l'Océan Indien et nous faisions voile vers l'Ile de France, lorsqu'à la hauteur de Ceylan, nous fûmes assaillis par une formidable tempête. Durant cinq jours nous luttâmes; enfin le sixième le beau temps revint, et nous étions hors de tous périls lorsque nous aperçûmes, sous le vent à nous, un navire faisant des signaux de détresse. C'était une corvette marchande, laquelle avait si fort souffert des atteintes de l'ouragan qu'elle menaçait de sombrer.

Nous nous portâmes à son secours, et les chaloupes qui furent envoyées étaient commandées par le vicomte et par moi. Nous trouvâmes la corvette dans un tel état que nous reconnûmes aussitôt qu'il était impossible de la sauver. Nous nous occupâmes donc de transporter à bord de la *Belle-Poule* les passagers, l'équipage et tout ce qu'il y avait de plus précieux dans la cargaison. Parmi les passagers se trouvait une femme, laquelle, durant la tempête, avait été grièvement blessée par l'éclat d'un mât qui l'avait atteinte à la poitrine.

De retour à notre bord, nous recommandâmes cette malheureuse femme au chirurgien et nous ne savions qui elle était, lorsqu'un matelot, en la voyant passer, poussa un cri d'étonnement. « Tiens ! dit-il, voilà la Madone de Brest. »

Ce nom était trop connu de tous les marins pour que l'attention générale ne fût pas immédiatement attirée sur la blessée. Des officiers la reconnurent également, bien qu'elle fût horriblement changée, et elle-même ne fit aucune difficulté pour avouer son individualité.

Nous avions entendu parler, nous autres jeunes gens, de la beauté miraculeuse de cette femme qui pendant longtemps avait été la reine de Brest, nous avions écouté tant d'histoires racontées sur son compte, que l'intérêt, que le vicomte et moi avions ressenti pour la blessée, fut doublé encore par l'éclat que les souvenirs attachés à sa personne répandaient sur elle.

L'un de nous lui donna sa cabine, l'installa dans son lit, et elle reçut tous les soins qu'exigeait son état alarmant.

Cependant la blessure était grave, la chaleur, qui régnait dans les parages où nous nous trouvions, en rendait la guérison difficile, et le chirurgien nous annonça qu'il regardait la malade comme perdue. Cette nouvelle nous fit lui prodiguer plus de soins encore, dans l'espoir d'adoucir ses derniers moments. L'aumônier du bord vint accomplir près d'elle son pieux ministère.

La malade nous remerciait avec une effusion qui nous attendrissait souvent ; elle paraissait nous avoir pris tous deux en affection sincère, et plusieurs fois elle nous dit que, si elle mourait, elle désirait que nous pussions assister à ses derniers moments. L'aumônier la voyait presque chaque jour, et chaque fois qu'il la quittait après une longue conférence, nous le voyions traverser le carré le front chargé de nuages, et, en entrant dans la cabine du vicomte, nous trouvions la Madone les yeux rougis par les larmes. Enfin un matin l'aumônier quitta la malade, le visage radieux et les regards levés vers le ciel qu'il paraissait remercier avec ferveur.

— Mes enfants, nous dit-il en passant, je suis heureux, je viens de sauver une pauvre âme !

Ce jour-là, la Madone nous fit appeler.

— Je vais mourir, dit-elle d'une voix défaillante, je le sens, et ni le médecin, ni le prêtre ne m'ont caché mon état. Je suis réconciliée avec Dieu, l'aumônier m'a absoute de mes fautes, mais je voudrais, avant de quitter ce monde, me réconcilier avec les ennemis que je m'y suis faits, et c'est vous, Messieurs, que j'ai choisis pour me rendre ce précieux service. Me refuserez-vous ?

Le vicomte ni moi ne comprenions pas ce que la mourante voulait nous dire, mais elle ne nous laissa pas longtemps dans l'indécision à cet égard.

— Il est dans ma vie, reprit-elle, une faute que le prêtre m'a pardonnée, mais qu'il faut qu'un autre encore me pardonne.

Et, entrant de suite en matière, elle nous raconta en détail la période de sa vie passée que je viens de retracer. Elle se reprochait amèrement sa conduite envers l'homme qui l'avait si follement aimée.

Elle nous dit que l'enfant, qu'elle avait mis au monde, était le fils d'un homme de mauvais renom, le seul qui eût jamais fait battre son cœur, son époux enfin, et non celui du magistrat qu'elle avait si indignement trompé.

— La misérable ! murmura M. de Niorres.

— Puis, continua le marquis, elle vint à nous parler du blanc-seing qu'elle avait surpris.

— Quoi ! s'écria M. de Niorres, en a-t-elle donc fait usage ?

— Oui, et elle en a fait l'usage le plus criminel.

— Comment ? fit le magistrat avec étonnement.

— Un notaire de Brest, pris dans ses filets comme vous l'aviez été vous-même, fasciné par sa redoutable séduction, entraîné, subjugué, avait oublié les devoirs de sa charge et s'était fait l'indigne complice de la Madone.

M. de Niorres leva les bras au ciel.

— Après ! dit-il avec anxiété.

— De votre blanc-seing, poursuivit le marquis, on fit un acte authentique, une donation en faveur de l'enfant que vous déclariez être votre fils.

— Infamie ! interrompit le conseiller.

— D'après cette donation, vous vous établissiez débiteur de l'enfant d'une somme considérable et, déclarant annuler d'avance toute disposition future contraire à la présente, vous reconnaissiez, en cas d'extinction de tous les membres de votre famille, cet enfant pour unique héritier de tous les biens possédés par vous à l'heure de votre mort.

— Oh ! s'écria M. de Niorres, comme si la lumière se fût faite soudainement dans son cerveau.

Le vicomte et le marquis échangèrent un rapide regard.

— Mais, reprit M. de Niorres, ce blanc-seing qu'en avait-elle fait ?

— Elle l'avait remis à son mari, au véritable père de son enfant, répondit le marquis.

— Mais puisque cet enfant était mort, la donation devenait inutile.

— Si son fils était mort, la Madone l'ignorait, car elle le croyait vivant.

— Ensuite? fit le conseiller après avoir réfléchi de nouveau.

— Elle nous conjura, cette confidence faite, dit M. d'Herbois, de nous rendre près de vous à notre retour en Europe et de vous prévenir de ce qu'elle avait fait, vous suppliant d'avoir pitié de son âme et de lui pardonner sa conduite à votre égard.

Les paroles de la Madone, son repentir, nous avaient vivement touchés, et lorsqu'après notre débarquement nous eûmes le bonheur de rencontrer, le vicomte et moi, les deux charmantes filles de Mme de Niorres et que nous sûmes que Blanche et Léonore étaient vos nièces, lorsque nous sentîmes qu'elle nous avaient inspiré l'amour le plus pur, les recommandations de la mourante acquirent près de nous une importance nouvelle.

Votre fils, Monsieur, l'évêque dont la perte récente est un coup si douloureux pour tous ceux qui l'ont connu, protégeait nos projets d'union, et il y a près de trois mois, après avoir reçu la confidence de nos projets d'avenir, il daigna de vive voix nous nommer ses futurs cousins. Vous comprenez donc combien, à la veille d'entrer dans votre famille, la confession de la Madone nous paraissait intéressante.

Nous avions pensé, tout d'abord, à faire part de ce secret à l'évêque, mais il s'agissait de son père et nous ne crûmes pas convenable de lui faire, non plus qu'à Mme de Niorres, votre belle-sœur, la confidence de ce que nous avait révélé la mourante.

C'était à vous seul que nous devions parler, aussi accueillîmes-nous avec empressement la proposition que firent votre fils et Mme de Niorres de nous rendre tous à Paris pour obtenir votre consentement aux unions projetées.

Nous comptions avoir facilement de vous une audience et vous faire part de ce que nous avions à vous dire. Malheureusement, vous savez quels cruels obstacles se sont opposés à l'exécution de nos désirs, et il a fallu l'heureux hasard qui nous a placés aujourd'hui en votre présence, pour que nous eussions enfin ensemble cette conférence si nécessaire.

— Mais, s'écria le conseiller avec une certaine véhémence, je n'ai jamais, jusqu'à cette heure, entendu parler de cet enfant qui, s'il vit aujourd'hui, doit être homme fait. Qui peut vous faire supposer qu'il ne soit pas mort ?

— Lorsque la Madone nous fit cette confidence, dit le vicomte en prenant à son tour la parole, Charles et moi nous nous rappelâmes aussitôt une petite aventure qui nous était arrivée à Brest plusieurs années auparavant. Nous revenions un soir par le quartier de la Marine, lorsqu'en passant devant une taverne, lieu de rendez-vous habituel des matelots, nous fûmes assaillis par un vacarme étourdissant.

Il y avait une lutte entre plusieurs hommes et tout l'intérieur du logis volait en éclats. Étant tous deux en uniforme, nous entrâmes pour interposer notre autorité, et, au premier rang des combattants, nous reconnûmes un matelot, notre compagnon dans toutes nos campagnes, un brave cœur s'il en est, sur le dévouement absolu duquel nous savons bien pouvoir compter et qui se nomme Mahurec.

Après avoir rétabli, non sans peine, la tranquillité dans la taverne, nous ordonnâmes à Mahurec de nous suivre, et, chemin faisant, nous lui fîmes expliquer la cause du tapage. C'était un jeune homme de dix-sept ans environ (il y a dix ans de cela) qui l'avait provoqué. Mauvais sujet fieffé et connu de tous pour tel, ce jeune homme s'était pris de querelle avec les compagnons de Mahurec et comme il avait auprès de lui plusieurs drôles de son espèce, la collision était devenue générale.

— Il fallait donc me laisser assommer ce drôle-là ! nous dit Mahurec.

— Qu'est-ce donc que ce jeune homme? demandai-je.

— Ça ? répondit le matelot, c'est un fils à la Madone.

La réponse de Mahurec ne nous frappa nullement alors, mais après la confession de la mourante, elle nous revint vivement en mémoire, je vous le répète.

Nous interrogeâmes minutieusement notre matelot à cet égard, mais il ne put nous donner aucun renseignement précis : il avait répété, à propos du jeune homme, ce qu'il avait entendu dire par d'autres. Au reste, depuis ce temps, Mahurec ne l'avait plus revu et n'en avait jamais plus entendu parler, soit qu'il fût parti...

— Soit qu'il fût mort ! interrompit le conseiller.

— Monsieur, dit le marquis d'Herbois d'une voix grave, le blanc-seing transformé en une donation de tous vos biens après votre décès et en cas de mort de tous vos héritiers légitimes expliquerait, si le fils de la Madone est vivant, la succession terrible des crimes accomplis dans votre famille. Si cet enfant était mort réellement, quelle raison donner à cette horrible trame ourdie contre les vôtres ? Quel intérêt serait en jeu ?

— Je l'ignore, Messieurs, répondit le conseiller, mais, s'il plaît à Dieu, je découvrirai enfin le coupable.

— Cependant, insista le marquis, vous devez reconnaître comme nous que si le fils de la Madone est vivant, les probabilités le désignent comme coupable.

— Peut-être, Monsieur, mais je crois cet enfant mort. Qui prouve qu'il soit vivant ?

— Ceci !

Et le marquis tendit au conseiller la lettre du baron d'Antibes, qu'il avait reçue le matin même et qu'il avait communiquée, tout d'abord, au vicomte quelques instants avant de monter dans le carrabas.

M. de Niorres se saisit de l'épître, ses mains tremblaient convulsivement. Quand il eut achevé sa lecture :

— Je désire conserver cette lettre, dit-il.

Le marquis et le vicomte s'inclinèrent en signe qu'ils ne protestaient nullement contre ce désir.

Le conseiller au parlement replia la lettre, la plaça dans la poche de son habit et regardant fixement les deux jeunes gens qui paraissaient attendre sa décision :

— Je vous remercie, Messieurs, dit-il d'un ton de légère contrainte, des renseignements que vous avez bien voulu me donner. Maintenant, en ce qui vous concerne, de tout ceci que concluez-vous ?

— Nous concluons, dit vivement le marquis, que nous aimons Blanche et Léonore de toute l'ardeur de notre cœur et que nous voulons les préserver du danger que nous voyons suspendu sur leur tête, car elles aussi, à défaut de vos enfants, sont vos héritières et, pour atteindre le but qu'on se propose, elles doivent être sacrifiées.

— Messieurs, reprit M. de Niorres après quelques instants de réflexion, ce que vous venez de me confier me met dans une voie nouvelle. Avant de vous répondre, comme vos paroles l'exigent, j'ai besoin de me consulter...

— Mais, s'écria le vicomte, l'heure fatale peut sonner d'un moment à l'autre.

— Que Dieu nous protège, Messieurs, je lui adresse chaque jour cette fervente prière.

— Cependant, ajouta le marquis avec vivacité, vous comprenez, Monsieur, qu'il faut agir. Certes, j'ai foi en la prière, mais il faut aider le ciel pour qu'il nous aide ?

— Et qui vous dit que je ne fais pas mon devoir ? fit le conseiller avec un peu de hauteur.

— Votre devoir, Monsieur, est de tout faire pour préserver les innocents avant même de vous occuper de trouver le coupable. Blanche et Léonore sont en danger, vous devez écarter d'elles le péril.

— Nous les aimons, ajouta le vicomte, et elles nous aiment. Une union entre nous était arrêtée, votre sanction manquait seule. Faites que ces mariages aient lieu, Monsieur, et nous saurons bien, nous, écarter de nos femmes le bras qui oserait vouloir les frapper.

— Ces unions sont impossibles dans un pareil moment ! dit le conseiller d'un ton froidement résolu.

— Mais nous allons être obligés de partir ! s'écria M. d'Herbois. Dans huit jours, il faut que nous soyons à Brest. Pouvons-nous donc abandonner ainsi celles pour qui nous sommes prêts à sacrifier notre existence ?

— Mes nièces demeureront près de moi !

— C'est les livrer à la mort, Monsieur !

— Je connais mes devoirs ! dit le conseiller en se levant comme pour mettre fin à cet entretien.

— Quoi ! vous refusez de nous unir ?

— Dans les conditions présentes, je refuse.

— Faut-il donc donner nos démissions ?

— Il faut attendre, Messieurs. Une lourde responsabilité pèse sur moi, je ne l'ignore pas, mais en agissant comme je le fais, j'agis comme je le dois.

Les deux jeunes marins se regardèrent avec anxiété.

— Tout au moins, dit le marquis d'Herbois dont la voix tremblait d'impatience, permettez-nous l'accès de votre demeure ; laissez-nous voir Blanche et sa sœur.

— Je regrette d'être obligé de refuser encore, dit

M. de Niorres, mais je ne suis pas maître d'accorder ce que vous me demandez.

— Pourquoi? demanda le vicomte.

— Je ne puis vous répondre, Messieurs. Attendez !

— Mais, s'écria le marquis, nous n'avons que trop attendu déjà ! Quoi ! après ce que nous venons de vous confier, vous continuez à nous repousser encore ! C'est donc nous, personnellement, que vous refusez de recevoir !

— Je ne refuse pas de vous recevoir, je refuse de vous laisser voir mes nièces et de contribuer à entretenir dans leur cœur un amour que je n'ai pas approuvé.

— C'est dans ce double projet d'union que vous nous repoussez ?

— Momentanément, oui, Messieurs.

— Monsieur de Niorres, dit le marquis avec hauteur, le vicomte et moi sommes de trop bonnes maisons, pour qu'une telle réponse ne soit pas accompagnée d'une explication nette et précise, et cette explication, nous avons l'honneur de vous la demander.

Les deux jeunes gens étaient debout en face du magistrat et, bien que leur pose fût respectueuse, il y avait dans leur maintien quelque chose de ferme et de résolu décelant l'intention évidente, où ils étaient, de ne pas rompre l'entretien sans avoir obtenu l'éclaircissement qu'ils exigeaient.

Le conseiller regarda fixement ses deux interlocuteurs, puis, après un moment de silence :

— Je pourrais, dit-il, éviter une réponse franche et

trouver facilement un motif dans un autre avenir rêvé par moi pour mes nièces, mais je préfère vous parler nettement. J'ai deux raisons pour refuser ma sanction au double mariage projeté : la première est complètement étrangère aux douloureuses circonstances dans lesquelles se trouve ma famille, elle vous est personnelle, Messieurs, à ce point que les malheurs qui m'accablent ne m'eussent-ils pas frappé, je répondrais probablement encore comme je le fais. Vous êtes tous deux d'excellente famille, je le reconnais, et au point de vue d'une alliance de parchemins, j'aurais peine à trouver mieux pour mes nièces, mais je veux que Blanche et Léonore soient heureuses, et, au point de vue de leur bonheur, je ne trouve pas en vous de garantie suffisante. Vous servez noblement et bravement le roi, cela est vrai : vous arriverez un jour aux premiers grades de la marine royale, je le crois ; cependant, vous ne possédez pour le présent aucun patrimoine. Libres et possesseurs, dès votre première jeunesse, de tous les biens de vos pères, vous les avez follement gaspillés. Votre vie passée, Messieurs, n'est pas exempte de blâme à cet égard.

— Si l'argent est perdu, l'honneur est toujours demeuré sauf ! dit le vicomte dont le front s'empourpra.

— Vous avez chacun des dettes énormes !

— Que nous payerons avec les bontés du roi, Monsieur, nous en avons l'assurance, répondit le marquis.

— Toujours est-il que votre fortune est nulle, que vos dettes existent, que Blanche et Léonore n'ont aucun patrimoine...

— C'est donc à l'amour seul que nous obéissons et non à un vil sentiment d'ambition, interrompit M. de Renneville.

— Une pareille union eût été folie ! continua le conseiller d'une voix ferme, et j'y eusse sans doute refusé mon consentement, je le répète. Quant au second motif qui vient en ce moment appuyer encore la résolution prise par moi, le voici. Il dépend, lui, malheureusement, des terribles événements que vous connaissez. Si la main qui poursuit ma famille continue à s'appesantir sur elle, bientôt l'extinction complète de mes enfants et de mes petits-enfants sera accomplie... Dès lors toute la fortune de ma maison passera sur la tête de mes nièces : elles deviendront deux des plus riches héritières de France et elles auront le droit d'aspirer aux plus illustres alliances.

Le vicomte et le marquis échangèrent un nouveau regard.

— Monsieur, reprit le premier, nous n'avions jamais songé à pareille éventualité, tant nous étions éloignés de supposer un enchaînement de malheurs et de crimes semblables à celui qui menace d'éteindre votre maison. Mais pour cette seconde objection que vous nous faites, nous avons une réponse prête : nous sommes disposés à renoncer d'avance, pour nous et pour celles que nous épouserons, à tout bénéfice de succession venant de votre famille, n'est-ce pas, marquis ?

— Sans doute ! ajouta M. d'Herbois.

Le conseiller regarda à son tour les deux jeunes gens et parut hésiter, mais reprenant presque aussitôt :

— Avez-vous le droit moral de priver Blanche et Léonore d'une fortune comme celle dont je vous parle? dit-il en relevant la tête.

Les deux jeunes gens firent un même mouvement.

— Monsieur, fit le marquis avec une froideur extrême, nous ne répondrons pas à cette dernière objection, cela serait inutile. Nous voyons avec peine, le vicomte et moi, que nous nous trouvons en présence d'un parti pris. Nous ne pouvons vous contraindre... nous n'essayerons donc plus de vous fléchir. Seulement, Monsieur, rappelez-vous bien que vous avez réduit au désespoir deux cœurs qui étaient pleins pour vous d'une respectueuse et sincère affection, souvenez-vous encore, Monsieur, que si Blanche et Léonore périssent victimes de la machination effrayante qui a déjà frappé tant des vôtres, leur sang devra retomber sur votre tête!... Nous n'avons plus rien à vous dire, Monsieur... nous vous prions d'excuser l'insistance que nous avons dû mettre à obtenir un entretien auquel nous espérions une issue bien différente.

Le marquis et le vicomte s'inclinèrent devant le conseiller; celui-ci, l'œil assombri encore et le front plus pâli, demeura immobile comme s'il n'eût ni entendu les paroles dites par le marquis d'Herbois, ni vu les gestes d'adieux adressés par les deux jeunes gens.

Enfin, sortant de l'espèce d'embarras pénible dans lequel il paraissait plongé, il salua à son tour sans ajouter une parole, tourna lentement sur lui-même et, traversant le petit bois, il se dirigea vers *l'avenue de la Reine*.

— Si M. Lenoir a dit vrai, murmura-t-il, si ces deux hommes sont pour quelque chose dans ces odieux attentats, ne devais-je pas leur enlever tout espoir de recueillir un jour les fruits de tant de crimes ? Détruire toute pensée d'union entre eux et celles qui doivent être mes héritières, n'est-ce pas mettre un obstacle à toute tentative nouvelle? Mais si ce qu'ils disent est vrai, au contraire, j'ai chez moi un complice de l'assassin. Quel est-il ?... S'ils mentent... cette confidence serait la preuve irrécusable de leur culpabilité... Cette histoire serait-elle forgée à plaisir ?... Quelle assurance me donnent-ils en dehors de leurs paroles? Eux seuls ont entendu la confession de la Madone... serait-ce donc un moyen habile de détourner les soupçons ?... Quant à cette lettre, que prouve-t-elle ? Lors même que le fils de cette infernale créature existerait encore, est-ce lui qui sème ainsi la mort dans ma famille? Qui me démontre que la Madone ait usé de ce blanc-seing? Oh! mon Dieu, vous qui voyez ma détresse, secourez-moi, je vous en conjure, et ne me laissez pas accuser l'innocent à la place du coupable !

Et le vieillard, courbant sa belle tête sous les flots tumultueux des pensées qui l'assaillaient, pressa sa marche comme s'il eût eu hâte de s'éloigner de l'endroit où l'on venait d'évoquer ses plus douloureux souvenirs.

Après le départ si brusque de M. de Niorres, le marquis et le vicomte étaient demeurés un moment silencieux, regardant le conseiller s'éloigner ; puis, M. d'Herbois passant sous le sien le bras de M. de Renneville, tous deux avaient quitté le petit bois.

Les feuilles du taillis épais, auquel était adossé le banc de marbre sur lequel les trois hommes étaient demeurés assis tout le temps de l'entretien, s'agitèrent faiblement bien qu'aucune brise ne soufflât dans l'air, mais le marquis et le vicomte étaient tellement absorbés dans leurs pensées qu'aucun d'eux ne fit attention à cette ondulation bizarre du feuillage.

— Quoi ! Charles, s'écria tout à coup M. de Renneville en rompant le silence qui régnait entre lui et son compagnon depuis le départ du conseiller, tu veux que nous renoncions à celles que nous aimons ?

— Moi ?... fit le marquis en s'arrêtant, Blanche sera ma femme, je le jure devant Dieu !

— Mais ce que tu viens de dire.

— Que pouvais-je faire ? interrompit M. d'Herbois. Essayer de convaincre cet homme est impossible ; il nous repousse. J'espérais que ce que nous avions à lui dire changerait sa résolution ; mais, tu l'as vu, il s'oppose à notre bonheur...

— Alors, nous agirons ainsi qu'il est convenu ?

— Sans tarder, cette fois !

— Tu as répondu à Blanche ?

— Oui, voilà la lettre.

Le marquis tira de la poche de son habit un petit billet cacheté qu'il montra au vicomte.

— Il faudra que Georges la lui fasse parvenir dès ce soir, avec celle-ci que j'adresse à Léonore.

— Tu lui dis de se tenir prête ?

— Oui ; mais j'ajoute que, coûte que coûte, nous devons les voir toutes deux demain dans la nuit.

— Bien. Elles feront ce que nous leur demandons.
— Tu l'espères, n'est-ce pas ?
— J'en suis certain !
— Maintenant il ne s'agit plus que de faire prévenir Georges.
— Georges ! répéta le marquis en tressaillant comme s'il venait d'éprouver un étonnement subit. Mais le voici.

Le vicomte de Henneville se retourna brusquement et aperçut, à quelques pas, un homme vêtu en *grison* qui marchait avec précaution.

— Il nous cherche ! s'écria-t-il. Mon Dieu ! Blanche ou Léonore seraient-elles en danger !

— Pourquoi es-tu ici ? Qu'y a-t-il ? demanda vivement le marquis en se précipitant, ainsi que son ami, au-devant du domestique.

— Rien de nouveau, Messieurs, répondit celui-ci ; mais prenez garde ! si de M. de Niorres revenait sur ses pas et s'il m'apercevait, tout serait perdu !

— M. de Niorres ! dit Charles. Tu l'as donc vu !

— Oui, monsieur le marquis. Tout à l'heure, au moment où je parcourais le parc dans l'espoir de vous rencontrer, je vous ai aperçu en compagnie de M. le conseiller ; c'est pourquoi je vous ai suivis, et j'ai attendu avant de me montrer.

— Où étais-tu ? demanda vivement le vicomte.

— Là-bas, Monsieur, derrière la *pièce de Neptune*.

— Es-tu chargé pour nous de quelque message ?

— Je n'ai pas de lettres, mais il paraît que Mesdemoiselles sont inquiètes, car ce matin Saint-Jean m'a ordonné de me mettre à la recherche de l'un de ces Messieurs, afin de rapporter des nouvelles. J'ai su que monsieur le marquis et monsieur le vicomte s'étaient rendus à Versailles, et je suis venu.

— C'est le ciel qui t'envoie! dit le vicomte en joignant à la lettre du marquis qu'il tenait à la main un autre billet. Prends ces deux lettres et porte-les à l'hôtel sans le moindre retard.

— C'est tout? demanda Georges.

— C'est tout; mais hâte-toi! Il faut que tu sois à Paris avant M. de Niorres.

— J'y serai, répondit le grison en saluant les deux gentilshommes.

Puis, revenant sur ses pas:

— S'il y avait réponse, ajouta-t-il, où trouverais-je ces Messieurs?

— Au Palais-Royal, ce soir, dans les jardins, répondit le marquis.

Georges fit signe qu'il avait compris et s'éloigna.

— Maintenant, dit M. d'Herbois en reprenant le bras du vicomte, elles partiront ; mais de l'argent pour le voyage?

— Nous en aurons! répondit M. de Renneville.

— Qui en donnera?

— Cet excellent Roger!

— Cet homme est décidément notre providence! murmura M. d'Herbois.

En quittant les deux jeunes gens, le grison, porteur des deux lettres adressées aux jeunes filles, s'était jeté à gauche, évitant l'avenue de la Reine, et gagnant la grande route de Marly ; il longea le mur du jardin anglais du petit Trianon.

Un peu au-dessus de *l'allée du Rendez-vous*, se trouve un carrefour formé par la rencontre de cette petite route avec celle de *Marly*, *l'avenue* et le *Boulevard Saint-Antoine*.

Georges s'arrêta, et, après avoir regardé attentivement autour de lui, il traversa le carrefour en ligne oblique, et contourna la petite chapelle Saint-Antoine, bâtie à la porte nord de la ville. Derrière cette chapelle se dressait un vieux chêne dont le sommet avait été brisé par la foudre, et dont le tronc rongé présentait au-dessous de la naissance de la première branche une excavation profonde.

Le grison monta sur une grosse pierre formant une sorte de banc au pied du chêne, et, étendant la main, il enfonça les doigts dans la cavité.

— Bon ! murmura-t-il sans changer de position, Saint-Jean est venu ! Maintenant, voyons à quelle heure est notre rendez-vous.

Il retira sa main pleine de petits cailloux ronds qu'il compta attentivement.

— Onze, dit-il ; c'est pour ce soir onze heures. Maintenant le lieu ?

Georges jeta les cailloux et sauta à terre. Se mettant à genoux au pied de l'arbre, il prit un couteau dans sa poche, enleva délicatement une petite plaque de mousse verte placée entre deux racines saillantes, creusa la terre et, au bout de quelques instants, il découvrit un fragment de pierre taillé en forme de dé à jouer, et offrant sur chaque face une nuance différente de coloris.

Le grison prit la pierre, l'examina avec une attention profonde, et remarqua, sur la face peinte en rouge vif, une petite croix blanche placée au centre.

— Bien! dit-il encore. C'est au Palais-Royal. On n'y manquera pas, et, pour prouver que j'ai compris... le signe convenu.

Georges ramassa un des petits cailloux qu'il venait de jeter, le plaça avec la pierre dans le trou qu'il avait fait, remit la plaque de mousse sur le trou, et arrangea soigneusement le terrain, afin que rien ne décelât à l'œil la cachette servant à contenir ce singulier moyen de correspondance.

Puis, remontant sur la pierre, il prit les deux lettres que lui avaient confiées MM. d'Herbois et de Renneville, et les plaça dans la cavité de l'arbre.

— Les voilà à leur adresse, dit-il en remettant pied à terre. Il est trois heures, je suis libre jusqu'à sept; je vais aller faire une partie avec Fouquier.

Et Georges, les deux mains dans ses poches, rentra dans la ville, et, longeant la Pépinière, il se dirigea vers le *boulevard la Reine*.

XVII

MONSIEUR LE COMTE

Quelques instants avant l'arrivée dans la cour des Ministres de la voiture du bailli de Suffren, et au moment où MM. Gervais et Gorain commençaient à prendre Mahurec pour un échappé des galères de Brest, un magnifique carrosse, on se le rappelle sans doute, avait attiré l'attention de tous les curieux. De ce carrosse s'était élancé un homme jeune encore, vêtu en grand seigneur, qui, après avoir échangé quelques paroles avec le personnage demeuré dans l'intérieur du véhicule, s'était dirigé à pied vers la place d'Armes.

Traversant la place, ce jeune homme, que son interlocuteur avait appelé Edouard, atteignit les bâtiments des grandes écuries, et, tournant brusquement à droite, il s'engagea sur le bas-côté de l'avenue de Sceaux.

Coupant en biais la chaussée de l'avenue et les contre-allées ombragées, il gagna une rue étroite et bordée de maisons basses, et s'engagea, sans hésiter, dans cette voie contrastant par son tracé tortueux et ses bâtisses vilaines avec l'aspect grandiose de ses voisines.

L'ami du duc de Chartres pouvait avoir environ trente ans. Il était de taille moyenne, bien fait de sa personne et de tournure élégante. Sa toilette recherchée servait encore à faire ressortir ses avantages physiques : mais en dépit de sa veste de satin blanc, de son frais habit de taffetas vert clair, de sa culotte de même nuance de ses bas de soie blancs, de ses souliers à boucles de diamants, de ses manchettes de dentelle, de son jabot en point d'Alençon, et de sa chevelure relevée, poudrée et parfumée à la dernière mode, il y avait dans l'ensemble de son individu quelque chose dont il était difficile de se rendre compte au premier abord, et qui cependant, loin d'attirer la sympathie, excitait un mouvement invincible de répulsion et de défiance. Sans être belle, la physionomie n'était pas dénuée de distinction, et les traits pouvaient supporter, même sans trop exciter la critique, un examen attentif. Ainsi, si le nez était peut-être un peu trop pointu, si les yeux étaient fatigués, si les joues étaient creuses, comme l'avait fait remarquer Mahurec dans son langage coloré et maritime, le front était élevé et dénotait l'intelligence ; le regard était incisif et hardi ; les lèvres, minces et peu colorées, laissaient voir en s'écartant une double rangée de dents du plus bel émail. Les sourcils étaient bien dessinés, le col bien attaché et gracieux, le menton énergiquement accusé.

Cependant, l'ensemble de ce visage était loin de plaire

au premier abord ; la bouche plissée et dédaigneuse ne laissait échapper qu'un sourire railleur et méprisant ; le regard était insolent et scrutateur, et l'expression générale offrait quelque chose de glacial et de méchant qui saisissait désagréablement. Mais, peu soucieux sans doute de l'impression qu'il devait produire, celui, dont nous venons de tracer le portrait, marchait la tête haute, la main gauche appuyée sur le pommeau de son épée de cour, et s'éventant doucement à l'aide d'un mouchoir merveilleusement brodé qu'il balançait gracieusement à l'aide de sa main droite.

Arpentant rapidement la petite voie étroite dans laquelle il s'était engagé, il la suivit dans toute sa longueur ; puis tournant à gauche, il s'enfonça dans une sorte de ruelle absolument déserte et formée par un espace réservé entre deux beaux jardins dépendants d'hôtels voisins et ceints de murailles élevées.

A l'extrémité droite de cette ruelle une petite porte verte était pratiquée dans le mur ; ce fut devant cette porte que le jeune homme s'arrêta ; puis, la porte entr'ouverte, il se glissa lentement dans le jardin avec lequel elle communiquait. Le promeneur se trouva alors au centre d'un fourré épais destiné probablement à masquer la porte du côté du jardin. Il écarta les branches d'un massif et sauta dans l'allée.

Depuis que la reine Marie-Antoinette, libre propriétaire de Trianon, avait mis à la mode le genre à la fois pittoresque et champêtre, bien peu de jardins appartenant aux gens de la cour avaient conservé les lignes sévères, les plantations régulières, les allées droites, les arbres taillés au cordeau, l'aspect imposant, enfin, que les parcs plantés sous Louis XIV devaient au correct talent de Le Nôtre.

Le jardin dans lequel venait de pénétrer le personnage que nous ne connaissons encore que sous le nom d'Édouard, avait sacrifié au goût nouveau, et aux premiers pas que fit le jeune homme, il se trouva en présence d'un dédale de petits chemins, se croisant, se contournant, s'enfonçant, se perdant dans des bosquets mystérieux, ou gravissant au sommet d'un monticule sur lequel s'élevait un petit temple.

Édouard connaissait sans doute admirablement les lieux dans lesquels il s'aventurait, car il prit sans hésiter un joli sentier, et, se dirigeant d'un pas ferme, il atteignit l'entrée d'une petite grotte située au bord d'un lac d'une mignonnerie enfantine. Une petite presqu'île, s'avançant vigoureusement dans l'eau bleuâtre, coupait brusquement la vue du lac et cachait la grotte à tous les regards.

Le jeune homme s'était arrêté et paraissait regarder attentivement autour de lui, mais son examen ne fut pas de longue durée.

Un épais massif s'écarta doucement sous deux mains qui pressaient les branches à droite et à gauche, une tête apparut dans le vide et un homme s'élança légèrement quoique avec une précaution visible.

Cet homme, qui pouvait avoir de quarante à cinquante ans et dont la physionomie n'offrait aucun caractère bien saillant, était entièrement vêtu d'un costume de nuance tabac d'Espagne, et avait l'apparence placide et insignifiante d'un bon bourgeois content de tout et de lui même. A la vue de cet homme, Edouard laissa échapper de ses lèvres un léger sifflement approbatif.

— Tu es exact, dit-il en faisant un pas en avant.

— N'est-ce pas mon habitude ? répondit le bourgeois d'un ton où le respect ne dominait pas complètement une sorte d'étrange familiarité.

— Si fait, mon cher, dit le jeune homme; tu es un bon serviteur, je le sais, et le moment venu tu seras récompensé comme tu le mérites.

— Pour que le moment vienne, grommela le bourgeois, il ne faudrait pas ainsi entasser imprudence sur imprudence.

— Que parles-tu d'imprudence ? demanda Edouard.

— Mais... ma venue à Versailles aujourd'hui... par exemple.

— Il le fallait bien, puis je ne pouvais aller à Paris. D'ailleurs, où est le danger ? Cette maison est aussi sûre que l'autre.

— C'est possible, monsieur le comte ; mais sur la route de Paris à Versailles on peut faire de mauvaises rencontres.

— Est-ce que tu en as fait ? demanda vivement celui auquel le bourgeois venait de donner le titre aristocratique de comte.

— Non, grâce à Dieu, mais j'aurais pu en faire ; car... il est ici !

— A Versailles ?

— Oui !

— Impossible ! Pourquoi aurait-il quitté Paris, lui qui ne va plus nulle part ?

— Je l'ignore ; mais je l'ai vu, lui, dans l'avenue de la Reine, sans qu'il me voie, bien entendu.

— Dans l'avenue de la Reine, répéta le comte. Allait-il donc chez M. Lenoir.

— Encore une fois je l'ignore ; mais nous saurons cela ce soir ; Georges était à son poste.

— Très-bien ! dit Edouard. D'ailleurs, qu'il vienne à Versailles ou qu'il demeure à Paris, qu'il voie Lenoir ou qu'il ne le voie pas, peu importe ! il ne s'agit pas de lui mais d'eux (le comte appuya sur ce mot). As-tu les renseignements ?

— Les plus précis et les plus détaillés, répondit l'interlocuteur du comte.

— Et les correspondances ?

— Les voici !

L'homme vêtu en bourgeois déposa sur une petite table de jardin, placée près de lui, deux volumineux paquets de lettres attachés chacun avec un ruban bleu.

Le comte les saisit avidement, et, déchirant les rubans, il ouvrit vivement quelques lettres.

— Une correspondance du vicomte de Renneville avec la Duthé ! s'écria-t-il avec joie.

— Et une autre toute pareille du marquis d'Herbois avec Mlle Guimard ! ajouta le second personnage.

— Vive Dieu ! ce sont deux trésors que tu m'apportes là !

— Ils valent ce qu'ils ont coûté, presque leur poids d'or. Guimard avait donné ces billets à sa femme de chambre pour en faire des papillotes, et Marine me les a cédés pour un louis la pièce... Mais Mlle Duthé fait ses affaires elle-même, et la fine mouche, se doutant de l'intérêt que quelqu'un avait à posséder ces lettres, m'a vendu les siennes deux cents louis. Il y en a dix.

— N'importe ! je les eusses payées le double ! Mais, continua le gentilhomme après un silence, pour le compte de qui as-tu acheté ces correspondances ?

— Pour le compte de deux rivales, cela va sans dire. C'est une femme à moi qui a traité.

— Parfait. Maintenant les renseignements ?

— Le vicomte de Renneville a pour cent soixante mille livres de dettes pressantes...

— Et le marquis ?

— Il doit près du double !

— Bravo ? qui possède les créances ?

— Une douzaine de prêteurs qui sont à la discrétion du procureur que vous m'avez recommandé, moins un cependant, le principal créancier.

— Qui est-ce ?

— Un nommé Roger, que l'on m'a dit être employé chez M. de Breteuil.

— Il fallait le voir ! dit le comte avec impatience.

— C'est ce que j'ai tenté de faire, mais en vain.

— Il est donc introuvable ?

— Pis que cela. Il est invisible.

— Comment cela ? fit le comte avec étonnement.

— Il n'y a personne du nom de Roger employé au ministère de la maison du roi, et cependant ce Roger existe, j'en ai les preuves. Il a prêté et il prête encore des sommes assez rondes aux deux marins. Mais où est-il ? quel est-il ! Voilà ce qu'il m'a été impossible de savoir jusqu'ici d'une manière précise. Je n'ai eu que les renseignements les plus vagues et les plus contradictoires.

— Diable ! dit le comte en réfléchissant, il faut pourtant savoir à quoi nous en tenir à cet égard. Ceci est très important, mon cher Saint-J...

— Chut ! interrompit brusquement le bourgeois. Pas de noms propres. Les arbres ont parfois des oreilles !

— Pour le présent, reprit le comte, tout est à souhait, et je suis enchanté de ton intelligence. Ces lettres sont des moyens d'action infaillibles... Elles ne sont pas datées, donc, elles peuvent avoir été écrites il y a un mois. Tu sais ce que tu dois en faire ?

Le bourgeois fit un signe affirmatif.

— Quant à la position du vicomte et celle du marquis, elles sont bien claires. Ruine complète, dettes énormes, créanciers aboyants après leurs chausses. Que le roi refuse de payer pour eux et les voilà dans la situation du prince de Guémenée, avec cette différence qu'un Rohan peut faire une banqueroute de trente millions et résister au scandale, tandis que de petits gentilshommes de province seront ensevelis sous leurs ruines. Il faut à tout prix se mettre en relation avec le Roger en question.

— J'y parviendrai, monsieur le comte. Maintenant je retourne à Paris.

— Tu passeras avant à la porte Saint-Antoine ?

— Sans doute, puisque Georges est venu.

Le bourgeois fit un pas en arrière, le comte l'arrêta en lui posant la main sur le bras ; puis, se plaçant bien en face de lui et plongeant ses regards dans les yeux de son interlocuteur :

— J'ai rêvé la nuit dernière que tu avais l'intention de me trahir ! dit-il d'une voix lente.

— En vérité ? fit le bourgeois sans sourciller, ni sans manifester la moindre émotion.

— Mais, continua le comte, à mon réveil, j'ai réfléchi que le passé devait me répondre du présent et le présent de l'avenir. Donc, je n'ai pas cru à mes pressentiments.

— Vous avez sagement fait, Monsieur le comte ! répondit l'interlocuteur d'Edouard, en conservant le même sang-froid.

— Ah ! ah ! vous trouvez, monsieur Saint-Jean !

— Mais vous n'aviez pas autre chose à faire, ce me semble, continua le bourgeois dont le comte venait enfin de prononcer le nom tout entier. Car si vous vous fussiez brouillé avec moi, vos rêves dorés se seraient envolés à tire d'aile !

Le comte releva la tête avec un sentiment de fierté blessée.

— Te crois-tu donc à ce point indispensable ? dit-il.

— Mais oui ! répondit nettement Saint-Jean.

Le front du jeune homme s'empourpra vivement, ses yeux lancèrent un double et rapide éclair, ses lèvres se pincèrent à faire croire qu'elles n'existaient plus, mais, par une brusque transformation, le visage reprit tout à coup une expression paisible, les regards s'adoucirent et un pâle sourire éclaira la physionomie.

— Tu as raison, dit-il d'une voix insinuante, tu m'es indispensable, et comme le passé me répond de tes services à venir, j'ai en toi une confiance absolue. Tu vas retourner à Paris.

Saint-Jean s'inclina en signe d'acquiescement.

— Tu rentreras à l'hôtel, continua le comte et... tu sais ce qui te reste à faire ?

— Tout est prêt ! répondit le valet.

— Alors, c'est toujours pour demain ?

Saint-Jean fit un signe affirmatif.

— Comment es-tu venu ? demanda le comte.

— A cheval. J'ai laissé ma monture dans les bois de Satory.

— Très bien, et comme je viens d'entrer, moi, par la porte de la ruelle, tu vas sortir par l'autre. Viens !

Le comte, engageant du geste Saint-Jean à l'accompagner, se mit aussitôt en marche. Tous deux traversèrent silencieusement une partie du jardin et, après de nombreux détours, ils atteignirent un mur situé à l'extrémité opposée de celui bordant le jardin sur la ruelle déserte. Une petite porte cachée également derrière un massif était, comme l'autre, pratiquée dans la muraille. Le comte avant de l'ouvrir examina l'extérieur à l'aide d'un petite fente pratiquée dans le bois, et assuré probablement qu'aucun œil indiscret ne se tenait à portée de voir, il introduisit une clef dans la serrure. La porte joua sur ses gonds et Saint-Jean s'élança au dehors.

— Tu n'as rien oublié ? lui dit le comte.

— Rien! répondit Saint-Jean.

— Les lettres de Duthé et de Guimard... ce Roger à trouver et à acheter s'il le faut... enfin, songe que demain soir il faut une solution!

— Nous l'aurons. Je vais agir en conséquence. Si j'avais besoin de voir monsieur le comte dans la soirée, où le trouverais-je?

— Jusqu'à dix heures au Palais-Royal, dans les jardins, ensuite chez la marquise, puis à l'*Enfer*.

— Compris!

Le comte referma la porte, et les deux hommes se trouvèrent séparés l'un de l'autre; mais à peine l'obstacle de bois peint se fut-il interposé entre eux, qu'une expression bien différente éclaira la physionomie de celui qui était demeuré dans le jardin et celle de l'homme qui s'élançait dans la campagne.

— Ah! fit le comte avec un sourire railleur, tandis qu'une joie sauvage se répandait sur son visage animé et que ses yeux lançaient un double jet d'étincelles, ah! tu veux me trahir, et tu penses sans doute t'approprier pour toi seul le fruit du plan que j'ai formé; mais que le conseiller écoute le stupide avis que tu lui as suggéré, c'est là tout ce que je demande, et, d'un seul coup, la réussite de mes projets sera assurée, car je n'aurai plus à craindre de révélations indiscrètes!

La petite porte par laquelle Saint-Jean avait quitté le jardin donnait près de celle de la ville s'ouvrant sur la route des bois de Satory. En quelques instants Saint-Jean eut atteint les premiers bouquets d'arbres; mais à peine s'était-il enfoncé dans le bois, qu'il s'était heurté contre un bûcheron en train de se livrer à son rustique travail.

Saint-Jean était tellement préoccupé par les pensées qui l'absorbaient, qu'il n'avait pas vu le paysan, et celui-ci se trouvant baissé vers la terre au moment du choc, le valet faillit tomber sur l'herbe.

— Prends donc garde, imbécile ! s'écria Saint-Jean avec colère.

— Mais, mon bon Monsieur, répondit le bûcheron, d'une voix traînante, c'est pas moi qu'a été me jeter dans vous, da !

En parlant, le paysan s'était seulement redressé, et Saint-Jean s'était arrêté court.

— C'est peut-être votre cheval que vous cherchez, mon bon Monsieur ! continua le paysan sans paraître remarquer le mouvement de Saint-Jean ; tenez, mon bon Monsieur, il est là... dans le taillis... C'est une bien belle bête tout de même, je voudrais bien en avoir une paire comme ça, da !

— Mon cheval n'est pas à vendre, mon brave homme, répondit Saint Jean.

— Alors bon voyage que je vous souhaite, mon bon Monsieur.

— Merci, mon ami...

Saint-Jean fit un pas en avant, et le bûcheron leva sa hache pour frapper un tronc d'arbre que le fer avait déjà entaillé.

— Ce soir, à neuf heures, rue du Chaume ! dit Saint-Jean d'une voix impérative, tandis que l'autre déchargeait son coup de hache avec une telle vigueur, que le bruit produit étouffa complètement celui des paroles, de manière que le bûcheron, placé très près, put seul en comprendre le sens.

Saint-Jean s'éloigna cependant comme s'il n'eût rien dit, et le bûcheron continua son travail. En ce moment trois heures sonnèrent au château. C'était l'heure, on se le rappelle sans doute, à laquelle une partie des voyageurs du carrabas s'était donné rendez-vous sur la *place d'Armes*, pour de là aller dîner chez la mère Lefebvre, la femme du soldat aux gardes françaises, vers l'établissement de laquelle s'était également dirigé Mahurec.

XVIII

LA BOUTIQUE DE LA BLANCHISSEUSE

Le luxe des boutiques, rare encore aujourd'hui dans la ville de Versailles, l'était, comme on le pense bien, davantage à l'époque où la cour y avait fixé sa résidence et cela se comprend : Versailles n'était bâti, en grande partie, que d'hôtels somptueux, et à peine quelques maisons particulières établies par la spéculation, offraient-elles leurs rez-de-chaussée aux marchands d'objets de nécessité première.

Il fallait souvent parcourir plusieurs rues tout entières pour découvrir, dans une échoppe de mesquine apparence, le commerçant dans le magasin duquel on avait affaire.

Parmi les deux ou trois voies les moins mal partagées à l'égard du négoce, la plus connue était la *rue du Plessis*, laquelle, étant coupée à son entrée par le *boulevard de la Reine*, et se trouvant à la fois à proximité de la route de Trianon, de celle du château et de celle de Saint-Cloud, était effectivement la mieux située pour la commodité des acheteurs et l'établissement des vendeurs. A l'angle de cette rue et d'une autre plus petite, aboutissant à la *rue Royale*, s'élevait, en 1785, une maison d'assez piètre construction, haute de deux étages et percée à son centre, au niveau du sol, d'une porte bâtarde donnant accès dans l'intérieur. De chaque côté de cette porte l'architecte ingénieux avait réservé deux boutiques.

Toutes deux étaient à peu près de même grandeur : deux fenêtres basses et solidement grillagées les éclairaient chacune et une porte étroite donnait communication avec la rue. Quoique de même forme, ces deux boutiques offraient deux apparences bien distinctes et qu'il était impossible de méconnaître au premier abord.

L'une, celle de droite, était entièrement revêtue d'une couche de badigeon de nuance jadis verdâtre, mais que l'action de l'air et l'intempérie des saisons, contre lesquelles rien ne l'abritait, avaient fait peu à peu passer par une succession de tons jaunâtres, grisâtres et sales pour aboutir à un état de délabrement dont son propriétaire paraissait peu soucieux. La peinture écaillée tombait par plaques et çà et là, de grandes taches couleur de pierre apparaissaient à l'œil, jurant d'une façon fâcheuse avec les parties de la muraille ayant conservé encore le luxe dont la façade entière avait été enjolivée. Au-dessus de la porte d'entrée et des deux fenêtres se dessinait, sur toute la longueur de la boutique, une bande, haute de dix-huit pouces environ, de la plus belle noirceur et sur laquelle on lisait en lettres blanches cette inscription destinée à attirer de loin les regards des passants :

FRANÇOISE HOCHE, FRUITIÈRE

Par chaque ouverture des fenêtres, tenues ouvertes, on apercevait, posés sur un plan incliné, des paniers de tous genres et de toutes dimensions, les uns remplis à déborder de légumes appétissants et les autres de fruits arrangés avec goût en pyramides attrayantes. Tout un côté de la porte d'entrée était également encombré par une planche placée sur deux tréteaux et sur laquelle étaient rangés des fromages, des mottes de beurre et de nombreux échantillons de vaisselle commune.

Des balais, petits et grands, ornaient la muraille extérieure dans l'intervalle laissé entre la première fenêtre et la porte, et celui resserré entre cette première fenêtre et la seconde, était garni par une remarquable collection de sabots de toutes dimensions, soutenus en ligne haute par deux grands échalas. De l'autre côté de la porte était, également en montre, une foule d'ustensiles de ménage attestant que la propriétaire du magasin tenait à honneur d'avoir de nombreuses cordes à son arc.

L'intérieur de la boutique était tapissé de la même façon et le plafond, à solives saillantes, disparaissait sous une myriade de vases, de verreries, de cruchons, de grappes d'éponges enfilées, artistement suspendus au-dessus de la tête des acheteurs. Un comptoir en chêne, encombré de marchandises et au centre duquel trônait une gigantesque paire de balances, coupait la pièce en deux parties inégales.

La seconde boutique, celle située de l'autre côté de la porte de la maison, était peinte de deux nuances bien tranchées. La partie du mur, comprise entre le pavé de la rue et le soubassement des fenêtres, resplendissait d'une teinte du rouge le plus vif et la partie supérieure disparaissait sous une couche de jaune d'ocre dont l'artiste décorateur s'était montré peu économe. Si la première boutique était encombrée de marchandises de toutes espèces, celle-ci, au contraire, n'offrait au regard rien qui pût tout d'abord indiquer ce que l'on y débitait, mais un examen rapide suffisait pour satisfaire promptement la curiosité de l'acheteur.

Les fenêtres entr'ouvertes étaient garnies de rideaux rouges montant à moitié du vitrage et l'on pouvait apercevoir à l'intérieur une salle de belle dimension, propre et bien entretenue dans laquelle se dressaient, sur deux files, une demi-douzaine de tables bien grattées, bien lavées et flanquées d'une double rangée de bancs reluisants attestant un loyal et actif service.

Une mince cloison vitrée séparait cette salle de la pièce sur laquelle s'ouvrait la porte d'entrée. Cette pièce, moins spacieuse que la suivante, dénotait, au premier regard, de la part de la maîtresse du logis, deux genres d'occupation bien différents l'un de l'autre.

Une haute cheminée, bâtie au centre de la muraille de gauche, était garnie de poêlons, de chaudrons, de crémaillères enfumées et d'un gigantesque tournebroche que devait mettre en mouvement quelque pauvre quadrupède appartenant à la race canine. A la suite de cette cheminée, on voyait un fourneau construit en briques, au-dessus duquel resplendissait, accrochée au mur, une batterie de cuisine au grand complet.

En tournant les yeux de ce côté de la pièce, on devait penser, à bon droit, que la propriétaire du lieu sacrifiait à l'art si bien mis en honneur alors par l'illustre Grimod de La Reynière, mais, en jetant les regards du côté opposé, la supposition première était promptement battue en brèche. En effet, le long de la cloison vitrée se dressaient trois énormes baquets à lessive, puis auprès d'eux s'étalaient tous les accessoires nécessaires au nettoyage du linge. Une seconde porte, s'ouvrant au fond et donnant sur une petite cour, laissait voir de longs cordages tendus sur lesquels se balançaient, au gré du vent, des draps, des serviettes, des bonnets, des chemises à demi mouillés et séchant au soleil. Une double inscription, placée sur la muraille extérieure, expliquait ce bizarre assemblage de deux professions si différentes. Au-dessus de la porte, on lisait en lettres bleues sur le fond jaune d'ocre :

MARIE LEFEBVRE, BLANCHISSEUSE

Puis, au-dessus des deux fenêtres de la salle, on voyait également tracé en gros caractères :

ICI ON DONNE A MANGER ET A BOIRE

Mme Lefebvre, la blanchisseuse-cuisinière, ou plutôt

la *mère Lefebvre*, comme la nommaient ses nombreux clients et clientes, était, en dépit de l'épithète accolée à son nom, une jeune et accorte brune de vingt-quatre ans, au frais visage, aux yeux éveillés, au regard net et franc, aux dents blanches, au nez retroussé, à la taille svelte et cambrée, aux bras potelés, aux mains solides et qui n'avait pas sa pareille dans tout le quartier pour chanter une joyeuse chanson, pour trouver une riposte moqueuse et pour dire son fait, sans hésiter et sans trembler, à quiconque se fût permis à son égard la plus légère inconvenance. Triviale dans son langage, commune dans ses gestes, mais franche, loyale, bonne, dévouée, généreuse, la mère Lefebvre était redoutée des méchantes langues, adorée des pauvres gens et estimée de tous ceux qui la connaissaient.

Femme d'un simple soldat aux gardes françaises, intelligente, travailleuse et économe, elle avait eu l'idée de joindre à son état de blanchisseuse, celui de cantinière des gardes. Grâce à ses talents de cordon-bleu, l'établissement avait promptement prospéré, et non-seulement les soldats dont la bourse était bien lestée, mais encore les clercs, les bourgeois, les gens de passage à Versailles accouraient fêter la cuisine de la jolie commère.

Au moment où nous pénétrons dans son logis, une animation des plus vives régnait dans la première pièce.

Un feu clair brillait dans l'âtre de la cheminée, le tournebroche était en mouvement, trois belles volailles et un quartier de mouton rôtissaient à l'envi, enfilés dans une longue broche. Un chaudron, suspendu à la crémaillère, laissait échapper une vapeur odoriférante, attestant la présence d'un mets savoureux en bonne voie de cuisson. Trois casseroles étaient posées sur le fourneau ardemment chauffé.

La mère Lefefvre, vêtue comme les petites bourgeoises de l'époque, d'une jupe de colonnade rayée bleu et blanc, d'un caraco de même étoffe et de même nuance, allait, venait, courait de la cheminée au fourneau, du tournebroche aux casseroles, activant le feu, arrosant le rôti, faisant sauter les ragoûts avec un entrain, une ardeur, une pétulance à faire croire qu'elle eût pu suffire à elle seule pour confectionner un repas de cent couverts.

Parfois, cependant, elle s'arrêtait au beau milieu de ses occupations, courait vers la porte, jetait à droite et à gauche un regard dans la rue déserte et revenait à son fourneau avec une impatience manifeste.

— Deux heures viennent de sonner, dit-elle en se baissant pour ramasser une brassée de bois qu'elle lança dans l'âtre. Mon dîner est en retard ! C'est la faute à cet imbécile de Lefebvre !... Qu'est-ce qu'il fait à baguenauder ainsi dans la ville ? Je vais joliment lui laver la tête à son retour ! Il n'est pas de garde aujourd'hui, où est-il allé flâner ?... Ah ! s'il se permettait de courir la prétantaine, je lui en ferais voir des grises !... Allons, bon ! s'interrompit-elle en secouant une casserole, je n'ai pas mis assez de champignons dans ma fricassée !

Et, quittant de nouveau son fourneau, elle courut

vers la porte sur le seuil de laquelle elle s'arrêta :

— Eh ! madame Hoche ! appela-t-elle à voix haute.

— Qu'est-ce qu'il y a ? répondit une voix partie de la boutique voisine.

— Avez-vous des champignons ?

— Oui.

— Apportez-m'en donc un maniveau, hein ? vous serez joliment gentille !

— Voilà, ma petite, voilà, répondit la voix avec empressement.

— Maintenant, continua la mère Lefebvre en retournant à ses casseroles et à son tournebroche, il s'agit de mettre les couverts... Je vous demande un peu ce que fricote cette Jeanneton ! La satanée lambine ! Un quart d'heure pour aller lever un demi-quarteron d'œufs au poulailler !... Jeanneton ! Jeanneton !

Et, tout en secouant ses casseroles, en veillant à son feu et en arrosant ses rôtis, la jeune femme continua à appeler d'une voix glapissante et passant successivement par toutes les gradations de la colère jusqu'à l'expression furieuse :

— Jeanneton ! Jeanneton ! Jeanneton !

— Mé v'là, m'ame Lefebvre, mé v'là ! répondit un organe nazillard et traînant, ne vous effarouchez point, je ne suis point perdue !

Et une servante, grosse, grasse, rouge de teint, rousse de cheveux, petite, carrée, trapue, les bras à l'air, les jupes écourtées, apparut sur le seuil de la porte donnant dans la petite cour où était étendu le linge en train de sécher.

— Allons donc ! sainte longine ! cria la mère Lefebvre. Ah ! on peut vous envoyer chercher la mort, vous, et on sera tranquille, elle n'arrivera jamais ! Mère de Dieu, vous êtes donc nouée !

— Ah ! que non ! fit la servante avec un calme qui contrastait étrangement avec l'impétuosité de sa maîtresse.

— Et ce couvert ?

— Ah ! ben, on va le mettre, on ne peut pas tout faire à la fois !

— Allons, taisez-vous et remuez-vous un peu ! Nous aurons du monde aujourd'hui. Petit-Jean m'a dit que le carrabas était arrivé plein comme un œuf. Allons ! en deux temps et quatre mouvements ! Haut la patte !

— C'est bon ! c'est bon ! grommela la servante en se dirigeant vers la salle. Ne dirait-on pas que le feu est à la maison !

— V'là vos champignons ! dit une voix aigre, tandis qu'une grande femme, longue, maigre, sèche et jaune, surgissait brusquement dans la boutique.

— Merci, madame Hoche, répondit Mme Lefebvre.

— Où faut-il les mettre ?

— Sur le bout de la table, sans vous commander.

— Voulez-vous que je les épluche ?

— Bien volontiers, car cette Jeanneton a de la mélasse dans les veines, elle n'y arriverait pas ; il faudrait que je fasse tout ici et que je serve ma servante ! Ça gagne pourtant deux écus par mois.

— C'est bien payé, savez-vous ! dit la fruitière en relevant un coin de son premier tablier qu'elle enfonça dans la ceinture de ses jupes, ce qui découvrit une écharpe de tablier blanc à peu près propre.

Mme Hoche prit un couteau, un bol dans lequel elle mit de l'eau et elle commença sa délicate opération.

— Mon scélérat de mari qui ne revient pas! dit Mme Lefebvre en frappant du pied. Où est-il allé se fourrer?

— Oh! ces gueusards d'hommes! répondit la fruitière. Est-ce qu'on sait jamais où ça roule sa bosse? C'est comme mon neveu, ce brigand d'Hoche. Il devait être à Versailles à midi et voilà deux heures et demie qui tintent.

— Où donc qu'il était, votre neveu?

— A Paris.

— Pour son plaisir?

— Non, pour son service, mais il flâne, bien sûr! Je l'ai toujours dit : cet enfant-là sera un propre à rien. C'est une belle charge que je me suis plantée sur les bras, le jour où je l'ai pris! Vous ne savez pas ce qu'il veut faire à cette heure?

— Non... mettez donc un peu de bois au feu, hein, s'il vous plaît? pendant que vous y êtes...

— Voilà... eh bien! le gredin veut quitter les écuries de monseigneur.

— Pas possible!

— C'est la vérité du bon Dieu!

— Qu'est-ce qu'il veut faire?

— Un coup de sa fichue tête! Il veut s'enrôler!

— Il veut être soldat?

— Soldat! oui, ma chère dame!

— Ah ! le pauvre garçon !... s'écria la mère Lefebvre. Allons, bon ! voilà mon beurre qui roussit... ah ! bah ! ils ne s'en apercevront pas ! ça donnera du goût... Comment, reprit-elle en changeant de ton, il veut être soldat. Mais c'est la misère des misères ! Voilà douze ans que Lefebvre est au service du roi et il n'a pas tant seulement les galons de caporal !

— C'est *l'honteux !* dit la frutière.

— Aussi je lui dis souvent : t'es né soldat, tu crèveras pousse-cailloux ! Et puis, il ne se remue pas, l'imbécile ! C'est un bon à rien qui n'arrivera jamais faute de savoir courir.

— Ça c'est bien vrai, il y a longtemps que je le pense !

— Comment ? dit Mme Lefebvre en s'arrêtant brusquement dans les soins qu'elle donnait à sa cuisine.

— Je dis que vous avez raison et que votre homme est un *feignant*.

— Eh ! la voisine ! fit la blanchisseuse en se redressant, mon mari est un brave homme, entendez-vous ! au cœur d'or !... le courage en personne...

— Je ne dis pas, mais...

— Et je ne veux pas qu'on en dise du mal...

— Cependant...

— Et je le défends à tout un chacun !

— Ecoutez donc...

— Lefebvre est la crème des hommes !

— Mais vous dites...

— Je dis ce que je veux, interrompit la mère Lefebvre, mais je ne veux pas que les autres se gaussent de lui, ni le mécanisent, entendez-vous !

— Oh ! dit Mme Hoche d'une voix aigre, mettons que c'est un trésor, j'y consens. C'est vraiment dommage que le ministre ait déclaré que tous les militaires qui n'étaient pas nobles, ne pouvaient être officiers, sans quoi votre Lefebvre serait un jour maréchal de France!...

— Mon mari sera ce qu'il sera! ça ne vous regarde pas, voisine! répondit la blanchisseuse sur un ton non moins irrité. Mêlez-vous de votre neveu, qui finira mal, je vous le prédis.

— Mon neveu ? mon Hoche ? s'écria la fruitière. Je vous en souhaiterais encore un comme ça, mère Lefebvre! un garçon magnifique, qu'a des idées auxquelles je ne comprends rien de rien, mais, qu'est un malin et qu'est capable, je l'affirme, de devenir au moins cocher de Son Altesse !

— Pour conduire les chevaux d'un prince, faudrait qu'il commence par se conduire lui-même !

— Et qui est-ce qui vous dit qu'il se conduit mal ?

— Tiens ! cette malice ! c'est vous !

— Moi !... moi !... dit la fruitière, j'aime mon neveu !

— Et moi, j'aime mon homme !

— Eh ben! gardez-le! on n'a pas envie de vous le manger !

— Mère de Dieu ! je le pense bien !

— Il serait trop coriace ! ajouta la fruitière.

Mais Mme Lefebvre n'entendit pas cette dernière observation qui, sans aucun doute, eût rallumé la querelle survenue si brusquement. La chaîne du tournebroche étant dérangée dans ses fonctions, la cuisinière était en train de remettre les choses en état et le pétillement de la graisse dans la lèchefrite, avait absorbé heureusement le bruit des paroles prononcées par Mme Hoche.

— Voilà vos champignons ! dit la fruitière en présentant le bol dans lequel nageaient les plantes dûment préparées pour être employées.

En ce moment un chant bizarre, singulièrement rhythmé, retentit au dehors, et une voix rude et enrouée fit entendre les paroles suivantes :

> Faut se lester la carène
> Veille à la soute aux biscuits !
> Et quand les fayols sont cuits
> Faut mett' du lard à la traîne.
> Largue en doubles les bonnettes !
> Porte bien la toile au vent,
> Navigue en grand et souvent,
> T'auras tes patentes nettes !

— Qu'est-ce que c'est que ça ! dit la fruitière en se précipitant vers la porte. Tiens ! continua-t-elle après avoir regardé dans la rue, c'est votre homme, voisine, avec un particulier qui marche les jambes écartées comme s'il était en brindezingue.

— C'est Lefebvre ? répondit la blanchisseuse-cuisinière.

— Mais oui, que je vous dis.

— Eh bien ! je vas un peu lui laver la tête pour lui apprendre une autre fois à arriver à l'heure !

Deux hommes se tenant bras-dessus bras-dessous s'arrêtaient alors devant la porte de la boutique. Ces deux hommes étaient, l'un le soldat aux gardes françaises, le mari de la propriétaire de l'établissement, et que nous avons déjà rencontré sur la place d'Armes, l'autre, Mahurec, le gabier, le protégé du bailli de Suffren et le matelot si loyalement dévoué à MM. d'Herbois et de Renneville, ses lieutenants.

— Caramba ! s'écria le matelot en se campant sur ses hanches, les deux mains dans les poches de sa vareuse et la tête renversée en arrière pour examiner dans son ensemble la maison en face de laquelle il venait de s'arrêter, caramba ! elle est un peu proprement astiquée ta cambuse ! Si l'aménagement de la cale est d'accord avec le gabarit de la coque, on peut y crocher son hamac et s'y affaler pour y passer un quart de longueur.

— Allons, viens donc ! entre donc ! dit Lefebvre en se retournant au moment de pénétrer dans l'intérieur de sa maison.

— Présent à l'appel ! Une ! deux ! j'aborde en grand !

Puis, s'arrêtant brusquement à la vue de la pétulante hôtesse, laquelle s'occupait plus activement que jamais des apprêts du repas :

— Pssst !... fit Mahurec avec un sifflement admiratif. En voilà une petite corvette gentiment gréée, proprement suivée et espalmée dans le premier numéro, à qui qu'on appuierait volontiers une chasse ! Plus que ça de nanan dans ta cambuse ! Dis donc Lefebvre, c'est à demander au bon Dieu d'envoyer son sac à la côte et de devenir terrien ! Salut, la bourgeoise ! Range à tribord ! côté d'honneur !

Et Mahurec, portant la main à son bonnet de laine, fit une profonde révérence en s'inclinant devant la mère Lefebre ; mais celle-ci, sans se soucier de la politesse du matelot, se retourna brusquement vers le soldat, et les yeux animés, les joues écarlates :

— D'où viens-tu, toi ? dit-elle brusquement.

— Je viens de me promener avec un ami, répondit Lefebvre.

— Ah ! monsieur se paie deux heures de flânerie, tandis que sa femme trime à la maison !

— Mais... commença Lefebvre.

— C'est du propre ! interrompit l'irascible blanchisseuse.

— Bah ! fit Mahurec en se dandinant, nous avons couru quelques bordés, histoire de bourlinguer, voilà tout !

— Je ne vous parle pas ! s'écria la mère Lefebvre.

— Suffit ! on tourne sa langue au taquet, mon amiral ! Allons, Lefebvre, range à carguer, mon vieux ! File l'écoute !

— Qu'est-ce qu'il me chante, celui-là ? cria la blanchisseuse. Est-ce que je comprends quelque chose à son galimatias ?

— Ecoute donc, la mère, dit Lefebvre en voulant interposer son autorité maritale : c'est un ami !

— Oui, un ami de ce matin, comme tant d'autres qui sont venus écumer ma marmite. Je la connais celle-là, et on ne m'y prend plus !

— De quoi ? de quoi ? fit Mahurec.

— Laisse faire ? dit vivement le soldat.

Puis, se retournant vers sa femme :

— Madame Lefebre, ajouta-t-il, faudrait tâcher de démêler le bon grain d'avec l'ivraie...

— Et de débrouiller un gabier d'artimon d'avec un gabier de poulaine, ajouta Mahurec.

— Le compère que voilà, continua Lefebvre en tapant sur l'épaule du matelot, est un brave gars, un vieil ami d'enfance, toujours le premier à l'ennemi, et vous le connaissez de nom, mère Lefebvre ; c'est Mahurec !

— Mahurec ! répéta Mme Lefebre en changeant de ton brusquement.

— Oui, Mahurec !

— Celui que tu m'as raconté qui avait sauvé deux enfants qui se noyaient dans la rade de Toulon ?

— Lui-même.

— Et qui s'est sauvé, lui, pour qu'on ne le remerciât pas ?

— Oui.

— Eh ! imbécile, fallait donc le dire tout de suite !

Et, se tournant vers Mahurec, les yeux humides, le visage ému et les mains tendues en avant :

— Depuis que mon mari m'a conté ça, continua-t-elle, j'ai toujours eu envie de vous embrasser. Puisque voilà l'occasion, voulez-vous ?

— Si je veux ! cria le matelot. Tonnerre ! la bourgeoise ! j'en repêcherais comme ça quatre tous les jours pour toucher pareil arriéré !

Et le marin, saisissant la taille de la jeune femme entre ses mains épaisses, embrassa cordialement la mère Lefebvre sur les deux joues.

— Monsieur Mahurec, dit la blanchisseuse, je suis un peu vive, mais j'ai bon cœur, voyez-vous. Les belles actions, ça me fait pleurer tout de suite. Lefebvre m'en a tant dit sur votre compte que je suis contente comme tout de vous voir à cette heure chez moi ! Restez-y tant que vous voudrez ! Il y a bonne table, et nous trouverons bien une petite chambre avec un bon lit...

— Caramba ! fit le matelot, voilà ce qui s'appelle avoir vent sous vergues. Quant à la boustifaille, pas de refus, j'ai la carène sur le lest depuis que le quart du matin est piqué ; mais pour ce qui est du cadre fixe, ne vous déralinguez pas le tempérament : un bout de toile et deux grelins, ça suffit !

— Allons, Jeanneton ! cria la mère Lefebvre, ce couvert est-il mis enfin ?

— Mé v'là, m'ame Lefebvre ! mé v'là ! répondit la servante de sa voix désagréable.

— Je retourne à ma boutique, dit Mme Hoche, voir si mon brigand de neveu est enfin rentré.

— Et toi, Mahurec, viens que je te fasse visiter la maison pendant que la bourgeoise va mettre la dernière main au fricot, dit Lefebvre, dont l'amour-propre était flatté d'avance de l'effet que devait produire sur le marin la bonne tenue de l'établissement dirigé par sa femme.

— Ça va ! répondit Mahurec ; ouvrons l'œil un peu et examinons en grand l'aménagement de la cambuse.

La fruitière disparut par la porte donnant sur la rue, et Lefebvre, suivi de Mahurec, ouvrit celle communiquant avec la cour.

Au moment où le matelot et son compagnon se baissaient pour passer sous le linge étendu, MM. Gorain et Gervais, les deux bourgeois qu'avait si fort intrigués le langage pittoresque de Mahurec, atteignaient la boutique de la mère Lefebvre et en franchissaient l'entrée, après s'être fait mutuellement une foule de politesses.

M. Gorain, que son ami avait contraint à prendre le pas, s'avança le chapeau à la main.

— C'est bien ici la maison de Mme Lefebvre ? demanda-t-il en s'adressant à l'hôtesse.

— Oui, Messieurs, répondit celle-ci avec son sourire le plus aimable. Qu'y-a-t-il pour votre service ?

— On nous a assuré, Madame, dit M. Gervais en s'avançant à son tour, que votre cuisine était excellente, et nous désirons y goûter.

— Les couverts sont mis, Messieurs, entrez dans la salle et choisissez votre table. Jeanneton va vous servir.

— Oh ! pas tout de suite, Madame, répondit M. Gorain, nous attendons quelqu'un qui nous a donné rendez-vous ici et qui, sans doute, nous fera l'honneur de dîner avec nous.

— Et soignez votre cuisine, chère dame, ajouta M. Gervais, car celui que nous attendons est un personnage d'importance, c'est M. Danton, un célèbre avocat du barreau de Paris...

— Et mon locataire, ajouta M. Gorain en se redressant fièrement, car je suis propriétaire... à Paris... rue Saint-Honoré...

Mme Lefebvre fit un geste dénotant la considération profonde que lui inspirait le digne bourgeois.

— Veuillez prendre la peine d'entrer, Messieurs, dit-elle. Vous attendrez mieux dans la salle.

Sur un signe de sa maîtresse, Jeanneton ouvrit la porte vitrée et les deux bourgeois, après avoir recommencé l'interminable série de politesses qui avait présidé déjà à leur entrée dans la boutique, se décidèrent enfin à passer de front dans la seconde pièce.

Après mûres délibérations, ils choisirent une table située à l'ombre, près de l'une des deux fenêtres, et chacun ayant placé son tricorne sur la pomme de sa canne et appuyé solidement le tout dans l'angle de la muraille, MM. Gorain et Gervais prirent possession d'un banc.

— Comme cela, cher ami, commença M. Gervais, c'est bien ici définitivement que maître Danton...

— Mon locataire, interrompit M. Gorain.

— Votre locataire, répéta M. Gervais, vous a donné rendez-vous?

— C'est bien ici.

— Et à quelle heure ?

— A trois heures.

— Bon ! fit le bourgeois en interrogeant le cadran de l'une de ces gigantesques montres connues sous le nom de bassinoires, nous n'avons plus que vingt-deux minutes à attendre. Je règle le soleil, monsieur Gorain.

— Attendons donc, monsieur Gervais.

Si les deux bourgeois, fatigués par la chaleur et par la marche et se sentant gagner par le sommeil, ne se fussent pas penchés en arrière pour s'appuyer à la muraille et donner ainsi un dossier absent à leur siège, et qu'ils se fussent au contraire penchés en avant vers la fenêtre entre-bâillée, nul doute que leur curiosité, éveillée par ce qui se passait au-dehors à ce moment même, n'eût chassé aussitôt toute envie de dormir.

En suivant le parcours de la rue du Plessis pour se rendre chez la mère Lefebvre, MM. Gorain et Gervais n'avaient point remarqué un personnage de moyenne taille, vêtu comme un clerc de procureur, portant une petite perruque rousse et des lunettes vertes dont les verres énormes cachaient la moitié du visage, lequel personnage, réglant sa marche sur la leur, les avait suivis pas à pas.

Quand les deux respectables amis s'étaient arrêtés devant la boutique de la mère Lefebvre, l'inconnu s'était aussitôt arrêté, lui, en face celle de Mme Hoche, puis, craignant peut-être d'être remarqué par les bourgeois, il était entré chez la fruitière marchander un panier de fruits. Tout en examinant la marchandise et en discutant le prix avec la tante du garçon d'écurie de Monseigneur le comte d'Artois, il n'avait pas perdu de l'œil les deux hommes et il les avait vus se décider enfin à entrer dans la boutique voisine. Terminant alors son achat, il avait payé le panier de fruits qui paraissait lui convenir et avait prié la fruitière de l'empaqueter avec un soin tout particulier, ajoutant que c'était pour l'expédier à Paris.

Mme Hoche avait aussitôt pris papier et ficelles et s'était mise en devoir de satisfaire son client, lequel lui avait annoncé qu'il allait revenir chercher le panier.

Bien certain que la fruitière occupée ne pouvait examiner sa manœuvre, le personnage avait quitté la boutique et, se glissant le long de la muraille, il avait atteint la hauteur de la fenêtre près de laquelle étaient attablés les deux bourgeois. Tirant un carnet de sa poche et le feuilletant comme un homme en train de prendre une note ou de chercher un renseignement écrit, il s'était tenu si près de la fenêtre qu'il n'avait pas perdu un mot de la conversation, si innocente au reste, des deux amis.

Mais, au moment où MM. Gorain et Gervais se laissant aller au bien-être que leur position relativement confortable, à l'ombre et au frais, commençaient à fermer doucement leurs paupières et à goûter les premières jouissances de la sieste, le personnage mystérieux n'entendant plus parler et devinant sans doute ce qui se passait dans la salle, quitta le poste d'observation qu'il occupait et marcha résolûment vers la boutique de la mère Lefebvre dans laquelle il pénétra en habitué du logis.

— Tiens ! fit la cuisinière-blanchisseuse en répondant au salut familier que lui adressait le nouvel arrivé, c'est vous, monsieur Roger ? Comment va la santé ?

— Très bien, grand merci, ma belle hôtesse, répondit M. Roger en s'inclinant encore.

— Vous venez dîner ?

— Mais oui, s'il y a place pour moi.

— Oh ! la place ne manque pas : mes pratiques sont en retard aujourd'hui, et sauf deux bourgeois qui attendent un ami, la salle est vide.

— Eh bien ! je vais m'installer là en attendant, répondit l'homme aux lunettes vertes.

Et ouvrant la porte de communication, il pénétra dans la salle ; mais aux premiers pas qu'il fit, soit hasard, soit préméditation, il se heurta si brusquement au banc qu'il le renversa avec fracas sur le plancher. Ce bruit inattendu réveilla en sursaut les deux dormeurs.

— Mille pardons, Messieurs, je vous fais un million d'excuses ! dit M. Roger en s'adressant aux deux bourgeois que son entrée avait brusquement réveillés ; le pied m'a tourné... j'ai failli tomber et, en me retenant, j'ai causé involontairement le vacarme qui vous a si impertinemment réveillés.

— Il n'y a pas de mal, Monsieur, dit M. Gervais.

— Mieux vaut cela qu'une jambe cassée, ajouta M. Gorain.

— C'est l'ombre qui règne dans cette salle, reprit M. Roger, qui a causé l'accident, je ne voyais plus en entrant. Au reste, Mme Lefebvre a raison de tenir ses rideaux fermés, c'est une bonne précaution qui empêche la chaleur d'entrer, et par le temps qu'il fait aujourd'hui...

— Le fait est que la chaleur est plus forte qu'hier, dit M. Gervais ; j'ai consulté mon thermomètre avant de sortir ce matin, et j'ai constaté deux degrés de plus...

— On cuit dans sa peau ! fit observer M. Gorain.

— On boirait la mer et les poissons ! ajouta M. Gervais.

— Si nous nous rafraîchissions avant le dîner ?... qu'en pensez-vous, compère ?

— Ma foi ! je pense que c'est une bonne idée.

— Une bouteille de bière ?

— Va pour une bouteille ; mais...

— Quoi ?... demanda M. Gorain, lequel s'était déjà levé pour appeler la servante.

— Nous ne boirons pas une bouteille à nous deux avec le dîner, et ce serait regrettable d'en perdre : ça coûte au moins huit sols, savez-vous ?

— C'est vrai, dit M. Gorain ; cependant j'ai grand chaud.

— Et moi aussi... mais huit sols ne se trouvent pas sous les pas d'un cheval, voisin.

— Bah ! fit M. Gorain d'un petit air décidé, pour une fois ! je ne le dirai pas à mon épouse.

M. Roger s'était installé pendant la conversation des deux amis à une table voisine de la leur, et n'avait pas perdu une parole échangée entre les deux bourgeois.

En voyant M. Gorain se soulever de nouveau sur son siège pour demander la bouteille de bière, M. Roger se pencha gracieusement dans sa direction :

— Mon Dieu ! Messieurs, dit-il de sa voix la plus insinuante, je vous demande humblement un million de pardons pour la licence que je vais me permettre, mais il s'agit d'un service que je désirerais réclamer de vous...

A cette ouverture inattendue, MM. Gorain et Gervais se regardèrent avec une certaine inquiétude : le mot *service* les avait vivement effarouchés, et, par un même mouvement instinctif, chacun d'eux porta à la fois sa main droite à la poche de sa veste pour la défendre contre une attaque.

M. Roger remarqua la pantomime expressive des deux amis, et un sourire légèrement ironique vint éclairer sa physionomie.

— Le service que j'ai à réclamer de vous, Messieurs, a pour but d'alléger vos dépenses, et la mienne.

— Comment ? dit M. Gervais en souriant.

— Comme vous j'ai grand chaud, comme vous j'ai grand soif, dit M. Roger, comme vous j'aime la bière, mais je m'abstenais d'en demander pour moi seul, tandis que si vous voulez me permettre de prendre ma part de celle que vous allez faire venir, en payant mon écot, bien entendu, je satisferai ma soif sans trop faire faire gémir ma bourse, et j'aurai l'honneur de trinquer avec vous...

MM. Gervais et Gorain se regardèrent encore, mais cette fois l'épanouissement de leurs traits avait brusquement remplacé le sentiment d'inquiétude que nous avons signalé.

— Mais... cette proposition me paraît fort acceptable, dit M. Gorain en faisant signe à M. Gervais.

— Enchanté de trinquer avec Monsieur...?

— Roger, pour vous servir s'il en était capable, interrompit le solliciteur.

— Habitant de Versailles, peut-être ? demanda M. Gorain.

— Employé chez M. le comte de Breteuil.

— Chez monseigneur le ministre ! dit M. Gervais avec admiration.

— Oh! se hâta d'ajouter M. Roger, employé bien infime, bien peu en faveur, mais cependant en état d'obliger parfois ses amis.

Les deux bourgeois se levèrent avec un empressement manifeste.

— Honoré de faire votre connaissance, cher Monsieur, dit Gorain en invitant du geste l'employé du ministère à prendre place en face de lui.

— Trop heureux si je puis vous être jamais bon à quelque chose, répondit modestement Roger en s'asseyant.

— La fille!... la fille!... cria Gervais.

— Mé v'là! répondit la voix traînante de Jeanneton.

— Que désirent ces Messieurs? demanda vivement Mme Lefebvre en ouvrant la porte vitrée.

— Une bouteille de bière, chère hôtesse, et trois verres.

— Holà, Jeanneton! cria la blanchisseuse en s'adressant à sa servante, vous avez entendu? Leste et preste, ma mie!... en deux temps à la cave!

FIN DU PREMIER VOLUME

TABLE DES MATIÈRES

I. — La place Louis XV	5
II. — Le Cours la Reine	21
III. — Les deux rêves	26
IV. — Les voyageurs	39
V. — Le petit abbé	50
VI. — Le carrabas	66
VII. — Le rapport du lieutenant de police	77
VIII. — La route de Sèvres	91
IX. — La jolie mignonne	102
X. — Monsieur Lenoir	124
XI. — Le cabinet du lieutenant de police	137
XII. — Monsieur Pick	159
XIII. — L'avenue de la Reine	168
XIV. — La place d'armes	174
XV. — Un vieux de la cale	190
XVI. — Les Trianons	205
XVII. — Monsieur le comte	219
XVIII.— La boutique de la blanchisseuse	262

Saint-Amand (Cher) — Imp. DESTENAY. Bussière frères.

Original en couleur
NF Z 43-120-8

www.ingramcontent.com/pod-product-compliance
Lightning Source LLC
Chambersburg PA
CBHW070754170426
43200CB00007B/782